Walter Wagner/Heiko Matschek (Hrsg.)

Richtig vorsorgen mit Wertpapieren

Walter Wagner/Heiko Matschek (Hrsg.)

Richtig vorsorgen mit Wertpapieren

Die Deutsche Bibliothek – CIP-Einheitsaufnahme

Richtig vorsorgen mit Wertpapieren / Wagner/Matschek
(Hrsg.). – Wien : Signum-Verl., 1998
ISBN: 3-85436-245-5

A-1031 Wien, Lothringerstraße 14
Tel.: 0043/1/711-95-0
Fax: 0043/1/711-95-5299
E-Mail: contact.us@signum.voei.at
Website: http://www.signum.at

Cover: Kurt Lackner
Coverphoto: © Tony Stone / Sam Sargent

Druck: Ueberreuter Buchbinderei und Buchproduktion Gesellschaft m. b. H.,
A-2100 Korneuburg, Industriestraße 1

ISBN: 3-85436-245-5

Wien 1998

Inhalt

Vorwort

Die Debatte um die Pensionsproblematik wird immer heftiger und kontroverser geführt. Manche sprechen davon, daß das Rentensystem unverändert bestehen bleibt, andere argumentieren bedeutend besser fundiert, daß das derzeitige System nicht finanzierbar ist und somit einer Änderung bedarf. Egal, welches dieser Szenarien eintreten wird, in einem sind sich alle einig: Private Vorsorge darf nicht mehr allein in den Verantwortungsbereich des Staates gelegt werden, sondern jeder einzelne muß sich selbst dieses Themas annehmen. Jedoch ist es sehr schwer, aus dem Dschungel unterschiedlicher Aussagen vor allem von Politikern die richtige individuelle Strategie zu formulieren.

Das vorliegende Buch stellt somit eine Zusammenfassung unterschiedlicher möglicher Anlagestrategien bezüglich des Themas „Pensionsvorsorge“ dar. Autoren der Wirtschaft versuchen auf prägnante und gut verständliche Art und Weise dem Leser Hilfestellungen auf diesem Gebiet zu geben, damit eine persönliche effiziente Strategie gefunden werden kann. Durch die Beleuchtung des Themas aus unterschiedlichen Blickwinkeln soll das Ausmaß der Eigenverantwortung nachdrücklich betont werden.

Letztlich möchten wir an dieser Stelle allen Autoren für das eingebrachte Engagement herzlich danken, denn ohne deren fachlichen Input wäre ein solches Werk nie realisierbar geworden.

Wien, im April 1998 — Die Herausgeber

Die Pensionslücke

Walter Wagner

Die Bevölkerungspyramide

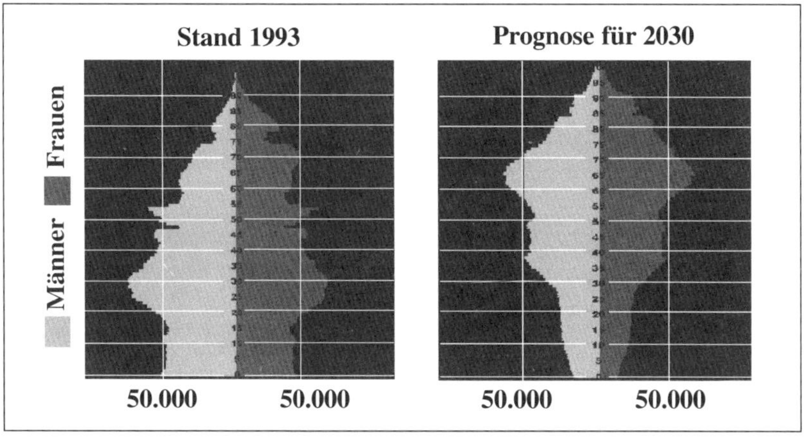

Abb. 1: Bevölkerungspyramidenvergleich 1993–2030

Die Aussage, daß die zukünftigen Pensionsleistungen in dem derzeitigen Umfang zumindest in Frage zu stellen sind, kann anhand mehrerer Indizien erklärt werden.

Der Vergleich anhand der Bevölkerungspyramide zeigt deutlich, daß im Jahr 1993 die 30jährigen die stärkste Bevölkerungsgruppe darstellen bzw. generell der Anteil der 20- bis 60jährigen, also jener Bevölkerungsteil, von dem man annehmen kann, daß er entweder selbständig oder unabhängig tätig ist, auch Beiträge zur Pensionsversicherung zahlt und damit das System der Umwandlung der Beiträge in Pensionszahlungen – auch Generationsvertrag genannt – zumindest mehrheitlich trägt.

Aber wie sieht es – aus heutiger Sicht – in nur 32 Jahren aus? Das ist weniger als ein Arbeitsleben, und jene, die in 32 Jahren in den Ruhestand treten wollen, sind heute schon Beitragszahler. Doch was erwartet sie im Jahre 2030? Wird die Altersklasse der 60- bis 70jährigen die zahlenmäßig stärkste Bevölkerungsschicht darstellen? Die Altersgruppe der 20- bis 60jährigen wird einer mindestens gleichgroßen Gruppe an älteren, fordernden, pensionssehnsüchtigen Personen gegenüberstehen, die auch auf wohlerworbene Rechte – sprich Beitragsjahre – zurückblickt und versorgt werden möchte.

Es bedarf nur wenig Phantasie, um sich auszurechnen, daß der Generationsvertrag in die Schieflage kommt.

Korrekturen in Richtung mehr Arbeitsjahre oder höhere Beiträge würden zu einem Pensionsalter jenseits der 70 führen oder eine Verdoppelung der Pensionsbeiträge bedeuten.

Als dritter Weg wäre dann nur mehr eine Herabsetzung der Pensionsleistungen oder ein Einspringen des Staates als Ausgleichszahler möglich. Das ist aber nur schwer vorstellbar, da die Grenzen der Belastung des Staates heute schon erreicht sind.

Wie teuer das System dem Bund heute schon kommt, kann man in nachfolgender Tabelle sehen:

	1996	1997	1998	1999	2000	2001
Aufwendungen	255.196	262.376	269.084	280.348	293.646	309.318
Erträge	199.933	205.935	208.126	215.103	222.141	228.912
Bundeszuschuß	55.562	56.441	60.957	65.244	71.505	80.406

(in Millionen Schilling ohne Ausgleichszulagen und Rücklagen)

Die Problematik, warum die Bevölkerungspyramide im Jahr 2030 so aussieht, ist auch anhand anderer Vergleiche untermauerbar. Im gesamten EU-Raum steigt die Lebenserwartung der Menschen um 2,5 Jahre pro Jahrzehnt an, während gleichzeitig die Fruchtbarkeitsrate seit 1963 von 2,7 Kindern je Ehepaar auf 1,5 Kinder gesunken ist.

Eigenvorsorge ist kein österreichisches Problem

Zahlen und Tendenzen, wie sie vorstehend beschrieben wurden, bewirken in ganz Europa heftige Diskussionen und sind ein permanentes Thema in der EU. Die meisten europäischen Staaten planen neue Pensionssysteme, da überall die Überalterung neue Versorgungsprobleme aufwirft.

Darum ist rechtzeitige Eigenvorsorge so wichtig

Die persönliche Konsequenz aus der vorher beschriebenen Situation der Pensionsengpässe kann nur eine Eigeninitiative in Richtung Eigenvorsorge sein, mit dem Ziel:

- einen flexibel verwendbaren Kapitalpolster aufzubauen;
- eine möglichst lange Ansparphase zu nützen;
- steuerschonende Veranlagungen zu wählen;
- eine langfristig hoch rentierende Veranlagungsform zu wählen;
- Auszahlungspläne zur Abdeckung der Pensionslücke zu nutzen.

Das Alter wird kostspieliger

Die althergebrachte Meinung, daß die sogenannten Alten mit dem Ausgedinge vorlieb nehmen und keine Ansprüche mehr stellen, wird ebenfalls der Vergangenheit angehören. Schon jetzt lebt ein Teil der Freizeitindustrie vom Schlagwort „Senior". Eigene Messen, Reisebüros mit Spezialangeboten, Seniorenresidenzen etc. versüßen der älter werdenden Generation die Tage.

Aber das Älterwerden wird auch zu höheren Kosten für eventuelle Spitalsaufenthalte, Kuren oder Operationen führen, die zusätzliche Finanzmittel erfordern. So liegt jetzt schon der Pensionistenlebenskostenindex um 50 % höher als der für alle Bevölkerungsgruppen errechnete.

Die richtige Wahl der Anlageformen

Gerade für Ziele, die – wenn als wichtig erkannt – ein langfristiges Ansparen ermöglichen, ist die richtige Wahl des Anlageproduktes sehr wesentlich. Denn hier wirkt sich der Zinseszinseffekt sehr deutlich aus.

Die nachfolgende Tabelle zeigt das Resultat aus einer monatlichen Anlage von S 1.000,– über 30 Jahre bei unterschiedlichen Zinssätzen.

Die Bandbreite von 4 % bis 12 % ist durchaus realistisch zu sehen. Einige Beiträge in diesem Buch zeigen Ihnen Ertragsmöglichkeiten auf, die auch solche Ertragsziele erreichbar machen.

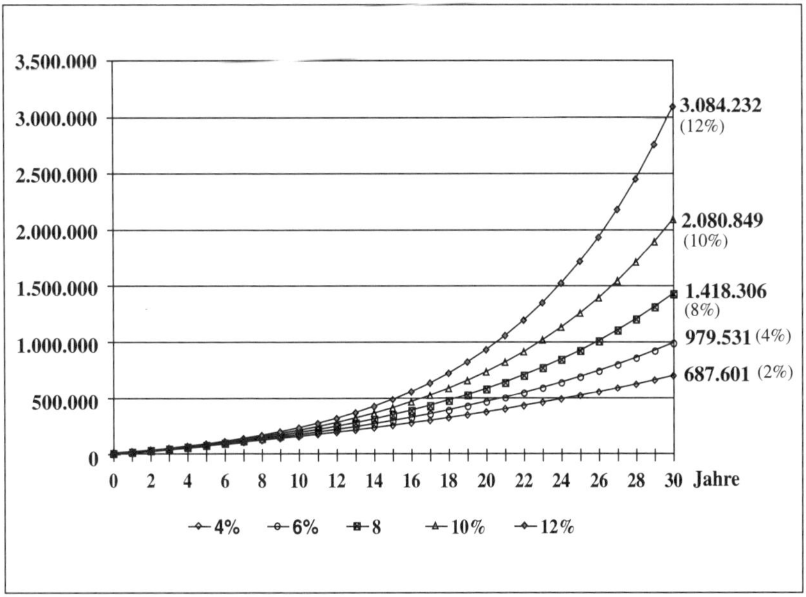

Abb. 2: Zinseszinseffekt

Gefühle für Zahlen

Eigenvorsorge läßt auch ein Gefühl für Zahlen entwickeln. So wird mit beispielsweise S 200.000,– als persönliche Altersvorsorge zwar die „Eiserne Reserve“ abgedeckt sein, aber eine Zusatzpension von S 10.000,– im Monat und das über eine Zeit von 10 Jahren – angelegt mit einem Zinssatz von beispielsweise 6 % – braucht schon ein Kapital von über S 900.000,–, und da ist die KEST noch gar nicht berücksichtigt.

Eine kleine Tabelle soll Ihnen noch einige Beispiele zeigen.

Sie wollen eine Rente von S 10.000,– im Monat fix.
Dafür brauchen Sie folgendes Kapital:

Renten-dauer	**angenommene Zinssätze- Beträge in S – abgerundet auf S 100,–**			
Jahre	bei 5 %	bei 6 %	bei 7 %	bei 8 %
5	532.200,–	520.200,–	508.700,–	497.600,–
10	949.200,–	908.900,–	871.300,–	836.200,–
15	1,275.900,–	1,199.400,–	1,129.900,–	1,066.700,–
20	1,531.900,–	1,416.500,–	1,314.300,–	1,223.500,–
ewig	2,341.500,–	1,941.700,–	1,656.300,–	1,442.300,–

Um solche Beträge zu erreichen, ist das rechtzeitige Beginnen mit dem Sparen sehr wichtig. Manch einer wird jetzt auch nachdenken, ob nicht für Kinder und Enkel jetzt schon das Fundament für deren Altersvorsorge zu legen ist.

Zusammenfassung

Der Begriff „Eigenvorsorge“ hat in der heutigen Zeit eine vollkommen andere Bedeutung gegenüber den letzten Jahren.

War früher damit der Notgroschen für Fälle, die hoffentlich nie eintreten, gemeint, ist es heute eine Notwendigkeit, zukünftige Einkommenslücken mit angespartem Kapital aufzufüllen, um den gewohnten Lebensstandard zu halten. Dabei kann nie zu früh begonnen werden.

Kreditinstitute können bei der Wahl der Anlageprodukte behilflich sein, aber der Entschluß und das Erkennen der Notwendigkeit müssen erst im eigenen Kopf stattfinden, dann steht einer erfolgreichen Umsetzung nichts mehr im Weg.

Kundenberatung – Quo vadis?

Qualitative Aspekte einer objektiven Beratung

Heiko Matschek

Problemstellung

Die Beratung von Kunden im Finanzdienstleistungsbereich – also dem Banken- und Versicherungsbereich – unterliegt seit jeher dem Lichte der Öffentlichkeit. Sogenannte „Börsengurus" verkaufen Bestseller zu den Themen „Wie werde ich reich in 2 Tagen" oder „Wie mache ich aus 10 Schilling innerhalb eines Tages 10 Millionen". Diese etwas sarkastischen Titel sind sicherlich so nicht im Handel erhältlich, doch in etwas abgeschwächter Form kann man sie doch beziehen. Sollte es wirklich dieses Patentrezept der schnellen und risikolosen Geldvermehrung geben, so würden diese Autoren ihr Geheimnis sicherlich nicht der Öffentlichkeit preisgeben. Dies bedeutet aber für den Anleger, daß er sich der professionellen Beratung bedienen muß. Dabei steht er vor der Entscheidung, einerseits die Beratung eines Geldinstituts in Anspruch zu nehmen oder andererseits sich eines „unabhängigen" Finanzdienstleisters zu bedienen. Ziel dieses Beitrages soll es somit sein, dem etwas verunsicherten Anleger ein Entscheidungsinstrumentarium an die Hand zu geben, damit er sowohl im Banken- und Versicherungsbereich als auch im „unabhängigen" Finanzdienstleistungsbereich sicher sein kann, daß eine auf seine Bedürfnisse gerichtete Anlageentscheidung ausgesprochen wurde.

Wandel in der Kundenberatung

„Der Kunde ist König". Diese Maxime ist nicht nur bei (fast) jedem Verkaufsgeschäft anzutreffen, sondern inzwischen auch bei allen Dienstleistern. Für die Konsumenten ist dieser Leitspruch sicherlich nichts Neues und zudem bedeutet er auch nicht viel. Speziell im Banken- und Versicherungsbereich wird er schon seit langem propagiert, nur gelebt wird er erst seit ein paar Jahren.

Das Verständnis dieser Branche war einst wie folgt zu charakterisieren: Der Kunde kam in die Bank – dem sogenannten „point of sale" –, und hier wurde er auch in den meisten Fällen wie ein „König" behandelt. Doch dieses Verständnis war eindeutig: der Kunde kam zum point of sale, nicht dieser zum Kunden.

Dieses Verständnis eines „going public", hier definiert als ein Unterfangen eines Unternehmens, sich der Öffentlichkeit zu präsentieren und damit aktiv auf die Konsumenten zuzugehen, dieses Verständnis mußte erst wachsen und wird nun bei vielen Unternehmen konsequent umgesetzt und gelebt.

Was hat nun aber diese Veränderung im Verständnis des Verkaufens von Produkten und Dienstleistungen in bezug auf die Qualifikation der Mitarbeiter bewirkt? Sicherlich ist klar, daß durch die veränderte Haltung bzw. das geänderte Verständnis vom Verkauf eine zunehmende Konkurrenzsituation – speziell ein Verschieben von Marktanteilen – herbeigeführt wurde. Eine so erwirkte stärkere Konkurrenzsituation erzeugt ein Szenarium, in welchem sich jedes einzelne Unternehmen noch stärker vom Mitbewerber abheben muß.

Hierbei sind folgende Abhebungsstrategien denkbar:

1. Preisstrategie, d. h. Verdrängung des Konkurrenten durch geringere Preise.
2. Servicestrategie, d. h. ein Abheben gegenüber anderen durch komparative Servicevorteile.
3. Qualitätsstrategie, d. h. oftmals höhere Preise bei vergleichsweise hoher Qualität (z. B. die Zertifizierung im Dienstleistungsbereich nach ISO 9001).

Speziell im Finanzdienstleistungsbereich (also bei den Bank- und Versicherungsprodukten) ist es schwer denkbar, eine Qualitätsstrategie zu wählen, da Dienstleistungen imaginäre Güter sind.

Oftmals wird versucht, über Preisstrategien (z. B. kostenloses Gehaltskonto) Wettbewerbsvorteile und damit Marktanteile zu gewinnen. Diese Strategie geht jedoch nur dann auf, wenn der dadurch gewonnene Kunde sämtliche Bankgeschäfte über ein Institut abwickelt, da sonst die Verluste, die aufgrund der Akquisition bewußt eingegangen werden (z. B. keine Depotgebühren bei Wertpapieren), nur über hohe Gewinne bei anderen Produkten (z. B. im Zahlungsverkehr) ausgeglichen werden können. Diese Strategie ist somit sehr gewagt.

In den meisten Fällen bleibt daher den Finanzdienstleistern nichts anderes übrig, als eine Mischstrategie aus den genannten Einzelstrategien zu wählen, wobei prozentual das Hauptgewicht auf der Servicestrategie liegt. Dies bewirkt somit eine starke Qualifizierung des Verkaufspersonals.

Ansprüche an eine hohe qualitative und objektive Beratung

Aus den genannten Strategien und den daraus resultierenden skizzierten Ergebnissen kann festgehalten werden, daß es, speziell im Finanzdienstleistungssektor, zu einer Abhebung der Konkurrenten untereinander über die Schiene der Servicequalität kommt.

Um diese hohen Qualitätsmerkmale zu erreichen, müssen intensive Aus- und Fortbildungsmaßnahmen einsetzen. Es ist verständlich, daß sich die „guten" Berater in eindeutigen Punkten von den „schwarzen Schafen" der Branche unterscheiden. Speziell seit dem Beitritt Österreichs zur EU wird der Markt an sogenannten „unabhängigen" Anbietern bzw. Vermittlern von Finanzdienstleistungen immer größer, vielfältiger an unterschiedlichen Produkten und damit für die Anleger immer undurchsichtiger.

Es muß an dieser Stelle erwähnt werden, daß es keine Möglichkeit gibt, dezidiert als Verbraucher festzustellen, ob es sich bei seinem Gegenüber um einen „guten" oder „schlechten" Finanzberater handelt. Lediglich ein Instrumentarium zur Beurteilung qualitativer Beratungskompetenz kann dem Anleger vermittelt werden.

Die folgende Checkliste soll helfen, Indizien zu finden, um ein Urteil bezüglich eines Anlageberaters zu fällen. Wichtig ist zudem, daß dieser Checkliste eine spezielle Situation unterstellt wird: Ein Kunde gibt vor, keine persönlichen Präferenzen für ein ganz bestimmtes Produkt zu haben (z. B. kein spezieller Aktienwunsch). Die Fragestellung lautet demnach: Der Kunde möchte monatlich einen gewissen Betrag anlegen, damit ein zusätzliches Kapital für die Altersvorsorge zur Verfügung steht.

1. Prüft der Berater die Einkommenssituation seines Klienten hinsichtlich der Machbarkeit der Sparleistung?

2. Fragt der Berater nach dem individuellen Sparziel, und prüft er, welche Veranlagungen seitens des Kunden bereits getätigt wurden?

3. Zeigt der Berater alternative Formen der Geldveranlagung auf und beschreibt er deren Vor- und Nachteile, speziell deren Risikopotential?

4. Klärt er die individuellen Präferenzen des Kunden mit denen der gezeigten Anlagealternativen ab?

5. Wenn sich der Kunde für eine Anlage entschieden hat, prüft der Berater dann nochmals diese Entscheidung hinsichtlich der Kundenpräferenzen (Sparziel, Risikopotential) ab?

6. Spricht der Berater vor Vertragsabschluß auch eventuell entstehende Kosten der Veranlagung an?

Sind alle diese aufgeführten Punkte nach einer Beratung mit „Ja“ beantwortet worden, so kann sich der Kunde hinsichtlich einer objektiven Beratung, gepaart mit hohen qualitativen Ansprüchen, sicher sein, wenn er monatliche Beträge investieren möchte.

Für viele Anleger wird zudem neben der monatlichen Sparleistung mit unterschiedlichsten Anlagezielen (z. B. Sparen für Wohneigentum oder Sparen für Konsumgüter wie Auto, Reise und vieles mehr) noch wichtig sein, eine qualitativ gute und objektive Beratung bei Einmalerlägen zu erkennen. Selbstverständlich gelten auch hier die oben angeführten Punkte mit Ausnahme des Sparziels sowie der Einkommenssituation.

Anlegertypen und Anlageprodukte

Wenn der Anleger die Beratung hinsichtlich der oben angeführten 6-Punkte-Checkliste analysiert, kann er schon mit großer Gewißheit feststellen, ob die erfolgte Beratung hinsichtlich Qualität gut oder schlecht war. Um seine Entscheidung zu manifestieren, soll die im folgenden beschriebene Klassifizierung von Anlegertypen – mit den damit verbundenen Anlageprodukten – dazu dienen, daß sich der Anleger noch sicherer fühlen kann. Es werden insgesamt drei verschiedene Anlegertypen unterschieden.

a. Der Risikofreudige

Hierbei handelt es sich um einen Anleger, der risikofreudige Anlagen tätigt. Diese sind speziell im Aktien- und derivativen Bereich (Futures, Optionen u. v. m.) zu finden. Dieser Anleger scheut auch nicht vor einem Totalverlust seines Investments zurück.

b. Der Konservative

Dieser Anlegertyp bildet das genaue Gegenteil des risikofreudigen Anlegers. Er scheut sich vor einem Totalverlust seines Investments so sehr, daß er sogar Veranlagungen im Sparbuchbereich vornimmt. Ihm ist wichtig, daß er eine fixe überschaubare Verzinsung seines veranlagten Kapitals erhält.

c. Der konservative Risikofreudige

Beim konservativen risikofreudigen Anlegertyp handelt es sich um eine Zwischenposition der oben beschriebenen beiden Extrempositionen. Dieser Anlegertyp möchte eine gemischte Veranlagungsstrategie in der Form, daß auch etwas spekulativere Investments (wie beispielsweise Aktien) in seinem Portefeuille zu finden sind. Jedoch sind auch konservative Veranlagungen (wie beispielsweise eine Staatsanleihe oder auch ein Sparbuch) vorzufinden.

Die Veranlagungsmatrix soll einen entscheidenden Hinweis darauf geben, inwieweit der Veranlagungsberater auf die individuelle Einstellung des Kunden (also die Punkte 4 und 5 der Checkliste) Rücksicht nimmt. Dabei ist die Matrix so zu interpretieren, daß jedes Veranlagungsprodukt hinsichtlich des Anlegertypus als zutreffend (z), teilweise zutreffend (tz) oder nicht zutreffend (nz) zu interpretieren ist. Speziell im Bereich der Investmentfonds sei an dieser Stelle auf die Vielzahl in Österreich erhältlicher in- und ausländischer Fonds hingewiesen. Deshalb ist die vorgenommene Klassifizierung unter der Prämisse eines in Österreich zugelassenen und von einer in Österreich ansässigen Investmentgesellschaft emittierten Fonds getroffen worden.

Veranlagungsmatrix			
Veranlagungsprodukt	Der Risikofreudige	Der konservative Risikofreudige	Der Konservative
Bausparen	nz	tz	z
Inländische Anleihen	nz	tz	z
Ausländische Anleihen	tz	tz	nz
Sparbuch	nz	tz	z
Sparbrief	nz	tz	z
Inländische Aktien	z	tz	nz
Ausländische Aktien	z	tz	nz
Aktienfonds	z	tz	nz
Gemischte Fonds	z	tz	nz
Rentenfonds	tz	tz	tz
Derivate	z	nz	nz
Optionen	z	nz	nz
Lebensversicherung	nz	tz	z
Fondsgebundene Lebensversicherung	tz	tz	tz
Edelmetalle	z	nz	nz

Um diese in der Veranlagungsmatrix vorgeschlagene Produktklassifizierung hinsichtlich der Anlegertypen zu verdeutlichen, soll das folgende Beispiel exemplarisch vor Augen führen, was hinsichtlich einer guten und schlechten Beratung auszusagen ist.

Beispiel

Ein Kunde möchte eine Veranlagung in Höhe von S 100.000,— (sämtliche steuerliche Gesichtspunkte werden in dieser Betrachtung ausgeklammert) durchführen. Dabei wird er zwei verschiedene Geldinstitute aufsuchen, um sich beraten zu lassen. Hinsichtlich der Fristigkeit der Produkte weiß der Kunde bescheid, d. h. ihm geht es lediglich darum, ob die angebotenen Produkte seinem Anlegertyp entsprechen. Dieser Kunde ist der klassische konservative Anlegertyp. Diese Feststellung wird von beiden Beratern der Geldinstitute gefällt, da sie bis zu diesem Zeitpunkt gemäß der Checkliste vorgegangen sind. Jetzt stellt sich für den Kunden die Frage, welche Produkte aufgrund seines Anlegerprofils alternativ möglich wären.

Geldberater 1: Dieser empfiehlt dem Kunden folgende alternative Veranlagungen durchzuführen:

- Bausparen als Einmaleinlage
- inländische Anleihen
- Sparbuchveranlagung
- inländische Rentenfonds

Geldberater 2: Dieser empfiehlt dem Kunden folgende alternative Veranlagungen durchzuführen:

- inländische Aktien
- ausländische Aktien
- Aktienfonds
- Derivative, z. B. Futures
- Optionen
- Edelmetalle

Führen wir uns das bereits skizzierte Anlegerprofil vor Augen, so ist in diesem Fall von einem klassisch-konservativen Anleger die Rede. Demnach handelt es sich um einen risikoscheuen und nach sicherer Veranlagung trachtenden Menschen. Gemäß unserer Veranlagungsmatrix kommen somit für diesen Anleger nur nachfolgende Produkte in die engere Auswahl:

- Bausparen
- Inländische Anleihen
- Sparbuch
- Sparbrief
- Lebensversicherung

Vergleicht man diese Aufstellung mit jener auf diesen Anlegertyp passenden Veranlagungsform, so war die Beratung des Geldberaters 1 sicherlich mit Abstand die zutreffendste. Geldberater 2 hat es in unserem Beispiel nicht verstanden, die Bedürfnisse des Kunden, speziell sein Anlegerprofil, mit den gegebenen Produkten in Einklang zu bringen.

Festzuhalten bleibt somit, daß eine Eigeneinschätzung jedes Anlegers vor Inanspruchnahme einer (qualifizierten) Beratung ohne größere Fachkenntnis erfolgen kann. Es ist lediglich das eigene Risikopotential bzw. das mögliche Verlustrisiko objektiv festzustellen. Ist diese Feststellung erfolgt, so kann mittels der Veranlagungsmatrix eine gewisse Produktfiltration erfolgen. Diese dann als Resultat der Überlegungen möglichen Produkte sollten auch von einem „Spezialisten" in einem Veranlagungsgespräch in ähnlicher Weise angesprochen werden.

Fristigkeiten von Veranlagungen

Die Beurteilung des eigenen Risikopotentials in Form des Anlegerprofils gibt einen ersten wesentlichen Hinweis auf die möglichen Alternativveranlagungen. Im zweiten Schritt ist es jedoch unerläßlich, die Fristigkeit von Veranlagungen zu untersuchen.
Dabei wird unter der Fristigkeit von Veranlagungen eine Mindestbehaltedauer hinsichtlich der zu erzielenden Zins- und Dividendeneinnahmen verstanden, d. h. daß jede Veranlagung unter dem Aspekt „wie lange will ich mich binden bzw. wann brauche ich das veranlagte Geld?" zu sehen ist. Deswegen wird mit nachfolgender Tabelle der Versuch einer Klassifikation hinsichtlich der bereits dargestellten Produkte der Veranlagungsmatrix unternommen:

Veranlagungsprodukt	**Fristigkeit**	**Zusatzbemerkung**
Bausparen als Einmalerlag	Jederzeitige Kündigung unter Spesenzahlung möglich	Eine Fristigkeit von mindestens 6 Jahren sollte beibehalten werden, da sonst die Ausnutzung der staatlichen Prämie nicht möglich ist
Inländische Anleihen	Jederzeit zum aktuellen Kurswert	Eventuell Zahlung geringer Spesen
Ausländische Anleihen	Jederzeit zum aktuellen Kurswert	Eventuell Zahlung von Spesen der eigenen und fremden Bank
Sparbuch	Jederzeit	Spesenfreie Behebung
Sparbrief	Erst nach Ablauf einer vereinbarten Bindungsfrist	Vorzeitige Kündigung ist hier extrem teuer
Inländische Aktien	Jederzeit zum aktuellen Kurswert	Eventuell Zahlung geringer Spesen
Ausländische Aktien	Jederzeit zum aktuellen Kurswert	Eventuell Zahlung von Spesen der eigenen und fremden Bank
Aktienfonds	Jederzeit zum aktuellen Rücknahmepreis	Meist keine Zahlung weiterer Gebühren
Gemischte Fonds	Jederzeit zum aktuellen Rücknahmepreis	Meist keine Zahlung weiterer Gebühren
Rentenfonds	Jederzeit zum aktuellen Rücknahmepreis	Meist keine Zahlung weiterer Gebühren
Derivative	Rücknahme muß vertraglich vereinbart sein oder sie ist geschäftsmäßig üblich	Genaue Hinterfragung vertraglicher Usancen bzw. genaue Aufklärung über die Rücknahme wird empfohlen

Optionen	Verfallen zu einem bestimmten Zeitpunkt; Rücknahme eher unüblich	Genaue Hinterfragung vertraglicher Usancen bzw. genaue Aufklärung über die Rücknahme wird empfohlen
Lebensversicherung	Kündigung vor Laufzeitende ist möglich	Rückgabe während der Laufzeit wird nicht empfohlen, da hohe Kosten hierfür entstehen
Fondsgebundene Lebensversicherung	Kündigung während der Laufzeit möglich	Rückgabe während der Laufzeit wird nicht empfohlen, da hohe Kosten hierfür entstehen
Edelmetalle	Rücknahme zum aktuellen Kurs	Rücknahme ist meist mit hohen Kursabschlägen verbunden

Diese Fristigkeitenmatrix zeigt deutlich, daß bei dem Veranlagungsgespräch von seiten des Beraters eine Bedarfskongruenz zwischen den empfohlenen Produkten einerseits und den Bedürfnissen des Kunden – speziell hinsichtlich der Fristigkeit und den damit verbundenen Nachteilen wie z. B. Spesen – andererseits erfolgen muß. Wird auch die Fristigkeitenproblematik in den Veranlagungsvorschlag seitens des Kundenberaters mit einbezogen, so fördert dies den Anspruch einer qualitativ hohen und objektiven Beratung.

Resumée

Intention dieses Beitrages ist es, dem Anleger ein Instrumentarium zur Entscheidungsfindung hinsichtlich der Beratungsleistung von Finanzberatern an die Hand zu geben. Dies ist um so wichtiger, da in verstärktem Maße Finanzberater den österreichischen Markt mit ihrem Finanz-Know-how bedienen. Für viele Anleger ist es somit nicht mehr möglich, die Beratungsleistung der eigenen (Haus-)Bank mit der des Finanzberaters zu vergleichen.

Im ersten Teil dieses Artikels wurde eine Checkliste vorgestellt, welche als Hilfsmittel zur objektiven Beurteilung einer Beratungsleistung herangezogen werden kann. Dabei stellte sich die Situation zur Beurteilung dergestalt, daß eine Finanzberatung hinsichtlich einer Vorsorgeleistung im Vordergrund steht. Da dies jedoch nicht der Alltag der Finanzdienstleister ist, sondern eher ein Beratungsgespräch mit dem Ziel der Einmalveranlagung, wurde dies zum Anlaß genommen, auf spezielle Produkte im einzelnen einzugehen.

So beschäftigt sich der zweite Teil hauptsächlich mit der Veranlagungsmatrix. Diese soll dem Leser zeigen, daß eine Einordnung des potentiellen Anlegers in unterschiedliche Anlegertypologien zu unterschiedlichen alternativen Veranlagungsprodukten führt. Erfolgt eine am Maßstab einer qualitativ hohen und objektiv gemessenen Beratung, so muß bei der Bedarfsanalyse seitens des Vermögensberaters eine so gezeigte Einordnung des Kunden mit den damit logisch anzubietenden Produkten erfolgen.

Der dritte Teil dieses Beitrages beschäftigt sich mit der Frage der Fristigkeit von Produkten. Auch hier zeigt sich die Qualität eines Anlageberaters, wenn er auf diesen Umstand Rücksicht nimmt und dem Kunden entsprechend seiner Veranlagungstypologie Vorschläge unterbreitet, diese jedoch noch hinsichtlich der Bedarfsfristigkeit einer weiteren Kontrolle unterzieht. Die Fristigkeitenmatrix zeigt dem Leser die bereits aufgeführten Produkte der Veranlagungsmatrix und erweitert diese um den temporären Veranlagungshorizont.

Zum Abschluß noch ein Zitat von Gerhard Uhlenbruch (dt. Aphoristiker, Immunbiologe und Hochschullehrer): „Manches wäre anders in der Welt, wenn man aus manchen Dingen nichts verdienen würde." In diesem Sinne sollten Sie die Hinweise dieses Beitrages dazu nutzen, daß ihr „sauer" verdientes Geld auch richtig vermögensvermehrend veranlagt wird.

Vorteile von Investmentfonds

Wolfgang Layr

Bei der Planung einer langfristigen Anlage in Wertpapieren steht jeder Anleger sehr bald vor der Frage, ob er die Veranlagungen selbst durchführen will, also selbst die interessantesten Anleihen, Aktien oder Währungen auswählen will, oder ob er die Entscheidung über die einzelnen Märkte und Wertpapiere Fachleuten überträgt. In der Praxis überlassen natürlich die meisten Leute diese Aufgabe entsprechenden Fachleuten. Dies ist auch, wie in vielen anderen Lebensbereichen, durchaus sinnvoll. Wenn man nun diesen logischen Schritt zum Fachmann getan hat, steht man vor der weiteren Wahl, ob man sein Depot individuell verwalten läßt, oder ob man sein Vorsorgekapital in Investmentfonds investiert. In den meisten Ländern fließt der größte Teil des Kapitals in Investmentfonds. Besonders in den letzten Jahren ist dieser Trend noch deutlich stärker geworden. Diese Entwicklung hängt mit den zahlreichen Vorteilen von Investmentfonds zusammen.

Die Vorteile von Investmentfonds gegenüber der Veranlagung in einzelnen Wertpapieren:

1. Professionelles Management: Während der private Anleger nur sehr selten eine weitreichende Ausbildung im Finanz- und Anlagebereich genossen hat, besitzen Fondsmanager in der Regel eine langjährige Erfahrung in der Geldanlage. Als Spezialisten können sie bewußt und aktiv attraktive Wertpapiere suchen. Sie werden dabei von den modernsten gedruckten und elektronischen Informationsmedien unterstützt und können die zahlreichen internationalen Kontakte mit Fachleuten an allen wichtigen Kapitalmärkten der Welt nutzen. Natürlich können dem Fachmann ebenso wie dem Privatanleger bei einer Einzelentscheidung einmal Fehler unterlaufen, aufgrund seiner viel größeren Erfahrung und der deutlich besseren Informationsmöglichkeiten wird aber die Fehleranzahl bei einem Fondsmanager wesentlich geringer sein.
Der wesentlichste Vorteil eines Fondsmanagers ist aber sein Informationsvorsprung. Sobald eine den Aktienmarkt oder ein einzelnes Unternehmen betreffende Meldung veröffentlicht wird, wird der Fondsmanager darüber informiert und kann ohne großen Zeitverlust darauf reagieren. Ein Privatanleger, der den ganzen Tag über mit seiner hauptberuflichen Tätigkeit beschäftigt ist, erfährt davon frühestens am Abend oder am nächsten Tag. Obwohl sich durch das Wirtschaftsfernsehen und das Internet die Situation für den privaten Wertpapieranleger verbessert, werden diese Fortschritte durch andere Faktoren mehr als ausgeglichen. So werden die Komplexität und die Verflechtung der Kapitalmärkte immer größer, ständig kommen neue Anlageprodukte und neue Methoden auf den Markt. Dies hat selbst unter den Fachleuten eine gewisse Spezialisierung nötig gemacht.
Ein professionelles Anlagemanagement weist jedoch noch weitere auf den ersten Blick nicht so stark beachtete Vorteile auf. Dies beginnt etwa bei der Risikomessung, um sich bewußt zu werden, welches Risiko man mit einer bestimmten Depotstruktur in Kauf nimmt. Oder ob es im Einzelfall sinnvoller ist, das Depot zu verkaufen oder es mit Derivaten abzusichern. Ob man bei der angekündigten Kapitalerhöhung mitmachen soll oder nicht. Wo es am besten ist, eine Aktie, die an mehreren Börsen notiert, zu kaufen. Ob es sinnvoller ist, eine

Anleihe und eine bestimmte Aktie zu kaufen oder gleich eine Wandelanleihe dieses Unternehmens. Und vor allem bei Veranlagungen im Ausland ist es sehr wichtig, über die rechtlichen Usancen Bescheid zu wissen, um nicht in bestimmten Situationen, etwa bei Kapitalmaßnahmen, böse Überraschungen zu erleben.

2. Geringere Kosten: Bei Investmentfonds entstehen in der Regel nur beim Kauf Transaktionskosten, der sogenannte Ausgabeaufschlag. Der Verkauf hingegen erfolgt zum Rechenwert. Beim Handel mit einzelnen Wertpapieren jedoch fallen sowohl beim Kauf als auch beim Verkauf Transaktionsspesen an, die vor allem bei kleineren Ordergrößen und bei internationalen Papieren beträchtlich sein können. Es sei an dieser Stelle aber durchaus kritisch darauf hingewiesen, daß vor allem ausländische Fonds oft sehr hohe Ausgabeaufschläge von fünf Prozent und mehr verrechnen, in manchen Fällen werden auch beim Verkauf noch Rücknahmeabschläge verrechnet. Es ist daher sehr empfehlenswert, sich beim Kauf von ausländischen Fonds sehr genau über die damit verbundenen Kosten zu informieren.
Ein für den einzelnen Fondsanleger nicht direkt ersichtlicher Vorteil von Fonds gegenüber dem Kauf einzelner Wertpapiere auf der Kostenseite ist das Auftreten eines Investmentfonds als Großanleger. Da bei einem Fonds jede einzelne Transaktion eine Höhe von mehreren Millionen erreichen kann, erhält der Fonds beim Kauf und Verkauf von Wertpapieren viel bessere Konditionen als ein Privatanleger, der in der Regel viel kleinere Ordergrößen handelt.

3. Bessere Kurse: Für Investmentfonds ist der Kauf von einzelnen Wertpapieren oft zu deutlich besseren Kursen möglich als für den Privatanleger. Die schon oben erwähnten günstigeren Transaktionsspesen sind nur ein Faktor. Mindestens ebenso wichtig sind die vor allem im Handel mit Anleihen erzielbaren engeren Händlerspannen. Es ist selbstverständlich, daß bei einer internationalen Wertpapierfirma jemand, der beispielsweise um 10 Mio. DM Anleihen kauft, eine deutlich günstigere Spanne erhält als jemand, der um wenige tausend DM kauft. Während sich der Händler bei der großen Order mit einer Spanne von 0,05 Prozent oder weniger begnügen wird, kann es sein, daß er bei der Kleinorder eine Spanne von zwei Prozent oder mehr verlangt. Dies ist durchaus verständlich, denn für die Wertpapierhändler, die sehr oft erfolgsabhängig bezahlt werden, verursacht ein Kleinauftrag dieselbe Arbeit wie ein großer. Im Gegenteil, in der Praxis ist es für ihn meist sehr viel mühevoller, eine kleine Position zu beschaffen oder weiterzuverkaufen als eine große. Zusätzlich kann der Fondsmanager seine Erfahrung nutzen, um die bestmöglichen Kurse am Markt zu erzielen. Denn in der Regel kennt er die meisten wichtigen Handelsfirmen und weiß, wo er für bestimmte Papiere die besten Preise erreichen kann. Darüber hinaus erfährt er von anderen Marktteilnehmern, welche Papiere gerade in größeren Mengen angeboten oder gesucht werden und kann deshalb ertragsverbessernde Umschichtungen durchführen.

4. **Weniger Zeitaufwand:** Ein ganz wesentlicher Vorteil von Investmentfonds ist, daß diese Anlageform für den Anleger nur mit einem äußerst geringen Zeitaufwand verbunden ist. Sobald ein Anleger seine Ziele, seine Anlagedauer, seine Risikofreudigkeit und seine Ertragserwartungen bestimmt und sich für einen oder mehrere Fonds entschieden hat, muß er keine Zeit mehr aufwenden. Dies bedeutet natürlich nicht, daß man sich überhaupt nicht mehr mit der Entwicklung seiner Veranlagungen beschäftigen sollte, sondern nur, daß man eben nicht gezwungen ist, dies täglich zu tun. Die zeitaufwendigsten Tätigkeiten bei der Geldanlage sind die ständige Beobachtung der Kapitalmärkte und die Auswahl der günstigsten Anlagemöglichkeiten unter den Tausenden Wertpapieren. Diese Aufgaben nehmen selbst bei bester technischer Informationsaustattung täglich mehrere Stunden in Anspruch. Eine für viele Anleger sehr lästige Aufgabe ist die Wiederveranlagung von Zinsen, Dividenden, Tilgungen und Bezugsrechtserlösen. Da es sich in vielen Fällen um relativ kleine Beträge handelt, ist es vielfach gar nicht leicht, eine interessante neue Anlage zu finden. Außerdem kommen diese Zahlungen sehr unregelmäßig über das ganze Jahr verteilt. Da der Privatanleger in der Regel aber sich nicht jeden Tag mit seinem Wertpapierdepot beschäftigt,

geschieht es sehr oft, daß diese Gelder oft monatelang herumliegen, anstatt sinnvoll und ertragreich angelegt zu werden.
Bei einem Investmentfonds ist es die Aufgabe der Fondsverwaltung, dafür zu sorgen, daß alle Gelder jederzeit sinnvoll und den Anlagerichtlinien entsprechend investiert werden. Für den Fondsmanager ist die Geldanlage ja kein lästiger Zeitaufwand, für den man seine Freizeit opfern muß, sondern es ist seine berufliche Aufgabe. Außerdem ist es für den Fondsverwalter natürlich viel leichter, weil aufgrund der Größe des gesamten Vermögens auch die einzelnen Zahlungen deutlich größer sind und die Veranlagung dieser Mittel keine allzu großen Probleme bereitet.
Die Frage der Wiederveranlagung der Mittel stellt sich daher für den Fondsbesitzer nur einmal im Jahr, wenn er die jährliche Ausschüttung erhält. In den meisten Fällen kann die Ausschüttung zu begünstigten Konditionen in demselben Fonds wiederveranlagt werden. Wenn man sich für einen thesaurierenden Fonds oder einen Sparplan mit automatischer Wiederveranlagung entscheidet, dann muß man auch für diese Aufgabe keine Zeit mehr aufwenden.

5. **Risikostreuung:** Die ausgezeichnete Möglichkeit der Risikostreuung war der Auslöser für das Entstehen von Investmentfonds. Schottische Anleger, die ihr Geld in internationale Unternehmen investieren wollten, hatten jeder allein nicht genug Geld, um sich an mehr als zwei oder drei Unternehmen zu beteiligen. Sie hatten nun Sorge, daß sie ihr ganzes Vermögen verlieren könnten, wenn nun gerade diese zwei oder drei Unternehmen in eine schwere Krise geraten. Deshalb legten vor über 100 Jahren mehrere Schotten ihr Geld zusammen, um mit diesem nun deutlich größeren Vermögen Beteiligungen an einer großen Zahl internationaler Unternehmen erwerben zu können. Sollten nun zwei oder drei dieser Firmen in eine ernste Krise geraten, so würde dies zwar auch zu einem Verlust führen, das Risiko wäre aber auf viele Anleger aufgeteilt, für jeden einzelnen Investor wäre der Verlust nicht so bedrohlich.
Die Risikostreuung ist auch heute noch ein zentrales Argument für die Veranlagung in Investmentfonds. Denn um sein Risiko sinnvoll zu

streuen, muß man eine relativ große Anzahl von Wertpapieren kaufen. Ein Privatanleger, der nun in seinem eigenen Depot eine entsprechende Risikostreuung umsetzen möchte, muß nun eine sehr große Zahl von Einzelpositionen erwerben. Abgesehen davon, daß die Verwaltung dieses Depots einen großen Aufwand an Zeit und Arbeit verursacht, ist sie auch mit sehr hohen Transaktionskosten aufgrund der Kleinheit der Einzeltransaktionen verbunden. Deshalb ist eine unter Kostengesichtspunkten sinnvolle Risikostreuung mit einzelnen Wertpapieren meist nur bei sehr großen Vermögen, im Idealfall deutlich über 10 Mio. Schilling, möglich.

6. Liquiditätsgarantie: Investmentfonds sind natürlich eine ideale Anlageform für längerfristige Veranlagungen. Man sollte daher immer unter langfristigen Gesichtspunkten einsteigen. Dies bedeutet aber nicht, daß man seine Fondsanteile nicht jederzeit verkaufen kann, wenn man das Geld rasch benötigt. Im Gegenteil, bei österreichischen Fonds müssen sich die Banken sogar gesetzlich verpflichten, die Anteile jederzeit auf Wunsch des Kunden zurückzunehmen und ihm das Geld innerhalb weniger Tage auszuzahlen. Dies ist ein wesentlicher Vorteil gegenüber einzelnen Wertpapieren, die man nur dann verkaufen kann, wenn sich ein Käufer am Markt findet. Vielfach muß man dabei relativ ungünstige Verkaufskurse akzeptieren, wenn man rasch verkaufen will. Da bei Investmentfonds der Kurs täglich errechnet wird, ist man bei Fonds nicht von Angebot und Nachfrage abhängig.

7. Steuervorteil: Ein Vorteil von Investmentfonds in Österreich ist die Steuerfreiheit der innerhalb des Fonds erzielten Kursgewinne. Dies bedeutet etwa: Wenn der Fondsmanager eines der Wertpapiere im Fonds schon kurze Zeit später mit einem großen Kursgewinn verkauft, dann ist dieser Kursgewinn für die Fondsbesitzer steuerfrei, auch wenn der Gewinn im Rahmen der jährlichen Ausschüttung an die Anleger ausbezahlt wird. Die Voraussetzung ist aber in der Regel, daß die Fondsanteile selbst länger als ein Jahr im Depot gehalten werden. Verkauft hingegen ein Privatanleger in seinem eigenen Depot ein

Wertpapier schon nach wenigen Wochen mit einem Kursgewinn, dann ist er in der Regel voll steuerpflichtig.
Wegen dieser maßgeblichen Vorteile haben Investmentfonds in Amerika, wo sich die Anleger schon am längsten und meisten mit der Eigenvorsorge beschäftigt haben, einzelne Wertpapiere, aber auch die individuelle Vermögensverwaltung, sehr stark verdrängt. Nach den Vorteilen von Fonds gegenüber der Eigenanlage in einzelnen Wertpapieren gibt es natürlich auch einige Vorteile gegenüber der individuellen Vermögensverwaltung. Zwar kann man auch mit der Vermögensverwaltung auf eine professionelle Betreuung zugreifen und eine Menge Zeit sparen, es gibt aber beträchtliche Nachteile:

- Da außer bei ganz großen Vermögen relativ kleine Einzeltransaktionen anfallen, können Vermögensverwalter anders als Fondsmanager die Vorteile geringerer Kosten und besserer Spesen nicht nutzen. Manche Vermögensverwalter behaupten zwar, daß sie durch Sammelorders gewisse Vorteile erzielen und diese an die Anleger weitergeben. Die Kosten der individuellen Einzelabrechnung entstehen aber auf jeden Fall. Außerdem widerspricht es ja der Werbeaussage einer individuellen Vermögensverwaltung, wenn man im Rahmen von Sammelorders für alle Kunden dieselben Papiere kauft. Dann wird aus der individuellen Vermögensverwaltung schnell ein Fonds mit unnötigem individuellen Verwaltungsaufwand und ohne Steuervorteil.

- Auch bei der Risikostreuung leiden viele Vermögensverwalter darunter, daß sie auch bei kleineren Depots von ein oder zwei Mio. Schilling schon eine individuelle Vermögensverwaltung anbieten, wodurch sie entweder bei den Kosten oder bei der Risikostreuung nicht das Optimum erreichen.

- In der Regel ist es einem Vermögensverwalter nicht möglich, eine Liquiditätsgarantie zu bieten.

- Im Rahmen der individuellen Vermögensverwaltung sind die oben vorgestellten Steuervorteile nicht erzielbar.

• Bei der Vermögensverwaltung wird der Zeitaufwand nicht durch das Sammeln in einem Depot deutlich reduziert, sondern einfach auf den Vermögensverwalter übertragen. Das Problem etwa mit der Wiederveranlagung vieler Kleinbeträge hat nun dieser zu bewältigen. Die hohen Kosten wird er dem Kunden in Rechnung stellen.

• Zwar handelt es sich auch bei Vermögensverwaltern meist um ausgebildete Fachleute, leider sind sie aber vielfach durch die gegenüber Fonds sehr umständliche Abwicklung gezwungen, sich mehr um die Administration als um überlegte Anlageentscheidungen zu kümmern.

Fonds und Versicherungen: Gemeinsam oder lieber getrennt?

Waltraud Kaserer

Schon seit einigen Jahren bieten in- und ausländische Versicherungen in Österreich fondsgebundene Lebensversicherungen an. Zum Verkaufsschlager wurden diese bisher aber nicht. Erst ein Prozent aller Lebensversicherungs-Prämien entfällt auf Fondspolizzen. Denn als Zwitterwesen zwischen Versicherungs- und Anlageprodukt bieten sie nicht nur die Vorteile beider Produkte, sondern auch die Nachteile. So bringen sie zwar häufig eine höhere Rendite, der Kunde ist aber wie bei jeder herkömmlichen Versicherung bis an das Laufzeitende gebunden. Als Alternative dazu spalten deshalb immer mehr Banken diese Kombination auf und bieten die Risikoversicherung und die Veranlagung zu Vorsorgezwecken in zwei getrennten Produkten an. Das bringt bei gleichem Ergebnis eine weit höhere Flexibilität.

Bei der fondsgebundenen Lebensversicherung veranlagt nicht die Versicherung den Sparanteil der eingezahlten Prämie, sondern der Kunde bestimmt über die Veranlagung selbst. Er hat dabei die Wahl zwischen unterschiedlichen Investmentfonds oder fertigen Kombinationen daraus. Die Fonds unterscheiden sich hinsichtlich des zu erwartenden Ertrags sowie des damit einhergehenden Risikos. Grundsätzlich kommen alle gängigen Fondstypen in Frage: Anleihenfonds, Aktienfonds, gemischte Fonds, Immobilienfonds und Futures Fonds. In der Praxis sind nur die ersten drei Kategorien relevant.

Wie unterschiedlich das Risiko- und Ertragsprofil der einzelnen Fondstypen ist, zeigt folgendes Beispiel:
Aus 100 Schilling, die vor 20 Jahren in deutsche Anleihen investiert wurden, sind 389 Schilling geworden. Das ist eine jährliche Rendite vor Abzug von Spesen, Steuern und Inflation von 7,41 Prozent. Hat man den gleichen Betrag in deutsche Aktien veranlagt, hat man jetzt 674 Schilling zur Verfügung. Das entspricht einer jährlichen Brutto-Rendite von 10,56 Prozent. Die Aktien unterlagen jedoch stärkeren Schwankungen als die Anleihen. So lag der maximale Gewinn in diesen 20-Jahres-Perioden bei den festverzinslichen Wertpapieren bei 18,57 Prozent, der maximale Verlust bei 2,54 Prozent. Bei den Beteiligungspapieren betrug der höchste Gewinn in einem Jahr 79,07 Prozent, der Verlust 35,10 Prozent.

Zum Vergleich: Österreichische Lebensversicherungen bringen um die sechs, sieben Prozent. Allerdings ist bei diesen Produkten eine Rendite von drei oder vier Prozent, der Rechnungszins, garantiert. Bei den fondsgebundenden Versicherungen kann im – allerdings kaum auftretenden – schlechtesten Fall sogar ein Verlust herauskommen.

Auch bei fondsgebundenen Lebensversicherungen gilt daher die Faustregel: Je länger die Laufzeit, desto höher der Aktienanteil. Bei monatlichen oder jährlichen Prämienzahlungen empfehlen die Versicherungen eine Laufzeit von mindestens 15 Jahren, sonst schlagen die Abschlußkosten zu sehr auf den Ertrag durch. Einmalerläge – die Einzahlung der gesamten Prämie zu Versicherungsbeginn – sind bereits ab zehn Jahren sinnvoll. Das ist lange genug, um den Großteil in Aktien anzulegen. Gegen Laufzeitende der Polizze sollte man sich allerdings überlegen, ob man nicht einen Teil der Veranlagungen zulasten von Aktien in Anleihen umschichtet. Denn sollte es knapp vor Auszahlung zu einem Kurssturz an den Aktienmärkten kommen, hätte man damit seine Schäfchen ins Trockene gebracht. Andernfalls bliebe aber immer noch die Möglichkeit, die Versicherung um ein paar Jahre beitragsfrei zu verlängern und so die Baisse zu „durchtauchen".

Die meisten Banken und Versicherungen bieten Fonds einer nahestehenden Kapitalanlagegesellschaft sowie ausländische Investmentzertifikate an. Der Kunde kann daraus einen oder mehrere wählen. Ändert er seine Einschätzung über die Ertragsaussichten der gewählten Fonds oder ändert sich seine Risikobereitschaft, kann er grundsätzlich jederzeit von einem Fonds auf einen anderen umsteigen. Dieses „Switchen" ist bei vielen Anbietern ohne zusätzliche Kosten möglich, wird aber kaum genützt.

Neben der Einzelauswahl der Fonds gibt es auch sogenannte „gemanagte Portfolios", die je nach Risiko- und Ertragsprofil einen unterschiedlich hohen Anleihen- und Aktienanteil haben. Dieser wird von Investmentspezialisten je nach Einschätzung der Entwicklung an den internationalen Kapitalmärkten laufend verändert. Für diesen Service verlangen die Verwalter allerdings eine Gebühr.

Wieviel von den eingezahlten Prämien für den Risikoanteil verwendet wird, also den Schutz gegen den unverhofften Tod, kann der Kunde selber bestimmen. Die Bandbreite reicht dabei von einem Mindestanteil von fünf Prozent bis 400 Prozent der gesamten einzuzahlenden Prämien. Generell gilt: Je höher der Ablebensschutz, desto mehr kostet er. Das heißt, für die Veranlagung in die Fonds bleibt weniger Geld.

An der Rendite einer Fondspolizze knabbern aber nicht nur der Ablebensschutz, sondern auch die Versicherungssteuer, die Provisionen für die Vermittler und die Kosten des Versicherungsunternehmens. Darüber hinaus wird die Versicherung soviel Geld behalten, wie sie zur Auszahlung einer Dividende und zur Schaffung ausreichender

Reserven braucht. Zwei Prozentpunkte des Wertzuwachses eines Fonds sind da sogar bei einem Versicherungsschutz von nur zehn Prozent der Gesamtprämien schnell weg. Bei einer Performance des Fonds von neun Prozent ist das knapp ein Viertel. Bei einer Rendite von sechs Prozent schon ein ganzes Drittel des Fondsertrages.

Deshalb sollte sich jeder genau überlegen, ob und welche Absicherung er derzeit und in Zukunft braucht. Die zwei zentralen Fragen bei der Vorsorge für die Familie oder das Alter sind nämlich:

- Wieviel Geld brauche ich wann?
- Wieviel Geld habe ich wann zur Verfügung, um dafür vorzusorgen?

Diese Fragen wird jeder Mensch in jeder Lebensphase anders beantworten. Wer jung ist, keine Kinder hat und keine sonstigen finanziellen Verpflichtungen, braucht kaum eine Versicherung, die im Todesfall die Hinterbliebenen versorgt oder mit der ein Kredit zurückgezahlt werden kann. Er sollte sich aber so bald wie möglich um eine Pensionsvorsorge kümmern. Sonst wird er im Ruhestand seinen gewohnten Lebensstandard wahrscheinlich nicht halten können. Denn den jüngsten Einschnitten im staatlichen Pensionssystem werden in den nächsten Jahren weitere Kürzungen folgen müssen.
Später einmal, wenn er für Kinder zu sorgen und einen Wohnungskredit zurückzuzahlen hat, will oder muß er wahrscheinlich eine Ablebensversicherung abschließen, die die Hinterbliebenen im Falle seines Todes versorgt.

Die weit verbreiteten Erlebens- und Ablebensversicherungen sowie die Fondspolizzen kombinieren diese beiden Ziele über die gesamte Laufzeit. Sie inkludieren den Risikoschutz also auch dann, wenn er noch nicht oder nicht mehr gebraucht wird. Und das kostet Geld, das im Ansparteil der Versicherung, zum Beispiel in einem Investmentfonds, besser aufgehoben wäre. Außerdem bindet es den Kunden über einen langen Zeitraum, denn bei einer Kündigung der Versicherung vor Ende der Laufzeit muß er drastische Abschläge hinnehmen.

Selbst ein paar Jahre nach Abschluß der Polizze muß er froh sein, wenn die Rendite einer Sparbuchverzinsung entspricht.

Der Königsweg

Als Königsweg zu einer entsprechenden Vorsorge erscheint daher die völlige Trennung des Sparteils vom Risikoteil. Das bringt dem Kunden die Flexibilität und Transparenz, die er braucht. So kann er beispielsweise im Falle seiner Frühpensionierung sofort über das Geld verfügen und muß nicht erst warten, bis das ursprünglich vereinbarte Ende der Laufzeit der Polizze gekommen ist. Er muß sich aber auch stärker mit den Produkten auseinandersetzen, die er kauft.

Wie das Nachrichtenmagazin „Focus" für Deutschland recherchiert hat, bringt die Trennung des Risiko- und das Sparteils einen Ertrag, der um bis zu 30 Prozent höher ist als bei einer kombinierten Fondspolizze. Für Österreich haben Experten der Volksbanken einen Vergleich zwischen einer gängigen Fondspolizze und dem Fondssparen mit einer getrennten Versicherung angestellt: Bei einer angenommenen Wertsteigerung des Fonds von jährlich neun Prozent bleiben nach Abzug aller Steuern, Spesen und Gebühren folgende Renditen übrig (Alter der versicherten Person: 30 Jahre, Versicherungsdauer 20 Jahre):

Fondspolizze: Skandia Fonds Plan Standard	6,85 %
Fondspolizze: Skandia Plan Plus	6,17 %
VB-Fonds-Sparen mit Versicherung	6,40 %
VB-Fonds-Sparen mit Versicherung (abzgl. 40 % üblicherweise gewährten Rabattes)	6,75 %

Getrennt Ansparen ...

Für den Sparteil zahlt der Kunde am besten in einen Ansparplan mit Investmentfonds ein. Das läuft so, daß er regelmäßig einen bestimmten Betrag überweist und die Bank mit diesem Geld Anteile des vorher ausgewählten Investmentfonds kauft. Dabei wird – von einigen Ausnahmen abgesehen – der gesamte Kontosaldo angelegt, indem auch Bruchteile von Fondszertifikaten angeschafft werden. Solche Sparpläne können schon ab einer monatlichen Einzahlung von 500 Schilling abgeschlossen werden.

Je regelmäßiger die Zahlungen stattfinden, desto besser wirkt sich auch der sogenannte „Cost-averaging-Effekt" aus. Denn bei einem gleichbleibenden Betrag werden bei hohen Fondspreisen entsprechend weniger Anteile gekauft und bei niedrigen Fondspreisen entsprechend mehr. Das hat zur Folge, daß der durchschnittliche Einstandskurs sinkt.

Fondssparpläne können beliebig verändert werden. Die Anleger können ihre Einzahlungen jederzeit erhöhen, reduzieren oder überhaupt aussetzen. Sie können die angesparten Zertifikate zudem jederzeit zum aktuellen Kurs verkaufen und den Erlös in einen anderen Fonds anlegen oder einfach ausgeben. Diese Flexibilität birgt allerdings den Nachteil, daß das für die Altersvorsorge vorgesehene Geld schon vorher „verpulvert" wird. Dem wollen die österreichischen Kapitalanlagegesellschaften beziehungsweise der Finanzminister nun mit den neuen Pensionsinvestmentfonds vorbeugen, indem beim vorzeitigen Verkauf solcher Zertifikate ab dem Jahr 2000 eine „Strafsteuer" in Höhe von fünf Prozent des Fondswertes zu zahlen ist.

... und Versichern

Der Risikoteil einer klassischen Erlebens- und Ablebensversicherung oder Fondspolizze kann jederzeit mit einer eigenen Risikoversicherung abgedeckt werden. Diese wird nach Höhe und Laufzeit auf die speziellen Bedürfnisse jedes Kunden maßgeschneidert. Die sogenannten „Witwentröster" sind mit zunehmender Konkurrenz aus dem Ausland und der Einführung des Euro immer günstiger zu haben. Wer seine Familie also im Falle des unverhofften Todes abgesichert wissen will oder bei der Bank seine Restschuld aus einem Kredit absichern muß, kann dies jetzt billiger tun denn je. Eine Versicherungssumme von zwei Millionen Schilling und eine Laufzeit von zehn Jahren ist für einen 30jährigen Mann bei einer deutschen Versicherung schon um weniger als 2000 Schilling pro Jahr zu haben. Die österreichischen Versicherungen ziehen jetzt nach.

Von Bedeutung ist aber nicht nur die Absicherung im Todesfall, immer wichtiger werden auch Versicherungen gegen schwere Krankheit oder Arbeitsunfähigkeit. Auch diese Polizzen können ideal mit einem Ansparplan kombiniert werden.

Das Steuerzuckerl

Ein wesentliches Argument bei der Pensionsvorsorge ist die steuerliche Begünstigung. Dabei werden herkömmliche Erlebens- und Ablebensversicherungen, Fondspolizzen und Fondssparpläne unterschiedlich behandelt.
Fondspolizzen unterliegen bei Abschluß des Vertrages der vierprozentigen Versicherungssteuer. Bei Einmalerlägen mit einer Laufzeit von unter zehn Jahren beträgt diese elf Prozent.
Wird die Auszahlung des Kapitals in Form einer Rente vereinbart, können die Prämien im Rahmen des Topfes für Sonderausgaben abgesetzt werden. Dabei ist nur mehr ein Viertel der gezahlten Prämien steuerwirksam. Ist das steuerpflichtige Einkommen höher als 500.000 Schilling im Jahr, wirkt die sogenannte Einschleifregelung. Ab 700.000 Schilling können keine Sonderausgaben mehr abgesetzt werden.
Fondspolizzen haben gegenüber dem getrennten Sparen und Versichern den Vorteil, daß sie ab einer Laufzeit von zehn Jahren nicht der 25prozentigen Kapitalertragssteuer (KESt) unterliegen. Das wirkt sich insbesondere bei Anleihenfonds stark aus. Bei Aktienfonds ist dies aufgrund der niedrigen Dividenden kaum relevant. Wer also einen Ablebensschutz abschließt, kommt relativ billig zu einem Quasi-Bankprodukt, das KESt-frei ist. Aufgrund der Befreiung von der Kapitalertragssteuer greift aber bei den Fondspolizzen die Endbesteuerung nicht. Das heißt, daß die Erbschaftssteuer fällig wird.
Der Einkommensteuer unterliegen Fondspolizzen nur, wenn sie kürzer als zehn Jahre laufen. Wie bei den herkömmlichen Lebensversicherungen gilt aber auch hier, daß bei der Auszahlung der Renten nach Überschreitung des kapitalisierten Wertes Einkommensteuer fällig wäre. Ob die Versicherten diese Einkommensteuer aber tatsächlich zahlen, überprüft das Finanzamt (noch) kaum.

Pensionsvorsorge und Aktien: Schlüsse aus einem europäischen Vergleich

Stephan Sieder

Die private Pensionsvorsorge ist ein Thema, das in Europa immer mehr in den medialen Mittelpunkt rückt.
Die Finanzierbarkeit der herkömmlichen staatlichen Pensionssysteme wird zunehmend in Frage gestellt. Weniger Beitragszahlende und eine steigende Anzahl an Pensionisten deuten darauf hin, daß die staatlichen Pensionssysteme in der Zukunft kaum mehr als eine Mindestpension finanzieren werden können.
Die Anforderungen an die private Vorsorge zur materiellen Absicherung ihrer Zukunft bewirken bei den Europäerinnen und Europäern ein wachsendes Interesse für Wertpapierveranlagungen.

Anhand einer Gegenüberstellung einer Studie über die Lage der privaten Pensionsvorsorge in Europa mit den Entwicklungen und Bewertungen der europäischen Börsen wollen wir das Zusammenspiel zwischen der privaten Vorsorge und den Aktienmärkten beleuchten.

Die Aufteilung der Pensionsaktiva innerhalb Europas folgt nicht einem rein demographischen Schema. Es sind nicht die größten und bevölkerungsstärksten Länder, die am meisten Geld zur Vorsorge beiseite gelegt haben. Die privaten und betrieblichen Pensionsgelder in Dänemark (136 Milliarden US-Dollar/USD) stellen fast soviel dar wie das Vorsorgevolumen in Frankreich (168 Milliarden USD). Die Pensionsaktiva in der Schweiz (320 Milliarden USD) nähern sich dem Vorsorgeniveau von Deutschland (360 Milliarden USD).

PENSIONSAKTIVA IN MILLIARDEN US-DOLLAR (1997)

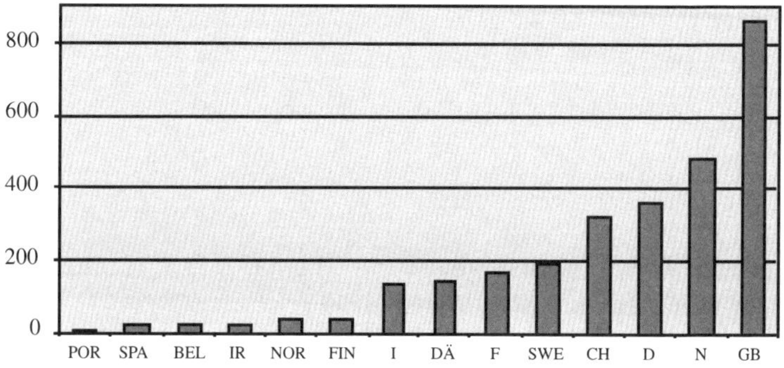

Nach dem Volumen allein gereiht nimmt Großbritannien in Europa den Spitzenplatz mit Pensionsaktiva in der Höhe von 862 Milliarden USD ein. Die Niederlande weisen ein Volumen von 482 Milliarden USD aus. Gefolgt werden sie von Deutschland, der Schweiz, Schweden (196 Milliarden USD), Frankreich und Dänemark.

Die Analyse der privaten und betrieblichen Pensionsvorsorge in Prozent des Bruttoinlandsproduktes ergibt eine ähnliche Aufteilung wie zuvor. Das Faktum, daß die Bevölkerungsstärke kein bestimmendes Kriterium ist, wird bei dieser Kennzahl noch deutlicher betont.
Schweden weist private Pensionsaktiva in der Höhe von 177 % des Bruttoinlandproduktes (BIP) aus. Auch in den Niederlanden (121 %) und in der Schweiz (107 %) beträgt das Vorsorgevolumen mehr als

eine Wirtschaftsleistung des Landes über ein gesamtes Jahr. In Dänemark stellen die Pensionsaktiva 76 % des BIP dar und in Großbritannien 72 %. In Resteuropa liegen die „Vorsorgeniveaus“ weit niedriger. Frankreichs Pensionsaktiva stellen nur 11 % des BIP dar, Deutschlands 16 %, Italiens nur 10 % und Spaniens gar nur 3 %.

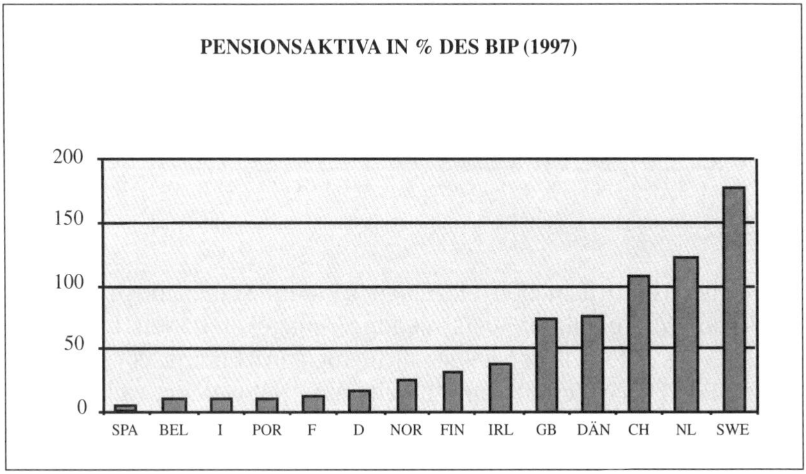

Interessant ist auch der Vergleich der Pensionsaktiva pro Kopf. Das Schema spiegelt die oben erwähnten „Vorsorgeniveaus“ wider. Die Schweiz liegt an der europäischen Spitze mit 44.400 USD pro Einwohner, gefolgt von den Niederlanden (30.700 USD), Dänemark (25.900 USD), Schweden (22.000 USD) und Großbritannien (14.600 USD).

Die restlichen europäischen Länder liegen weit entfernt von diesen Beträgen. In Frankreich z. B. bringt es das Pro-Kopf-Volumen an betrieblicher und privater Pensionsvorsorge auf nur 2.900 USD, Italien auf nur 2.300 USD. Spanien bildet das Schlußlicht mit nur 400 USD. Auch in Deutschland bleibt die Kennziffer Pensionsaktiva pro Kopf mit 4.400 USD auf einem relativ niedrigen Niveau.

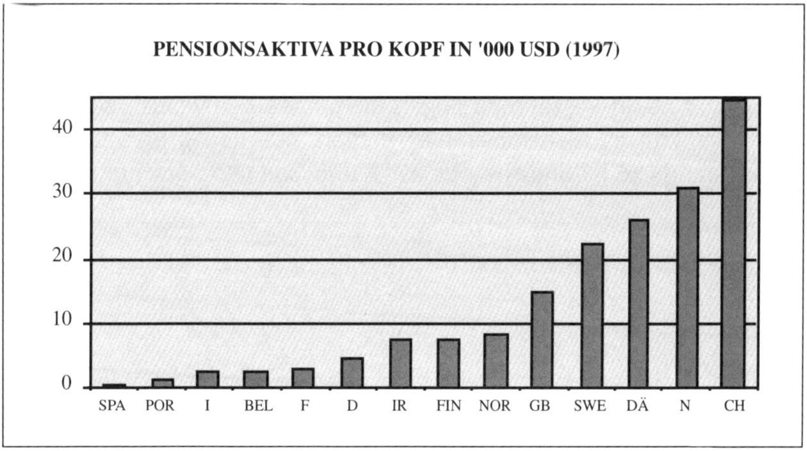

Die Pensionsaktiva in den einzelnen Ländern sollten noch genauer nach ihrer Aufteilung in verschiedene Anlagekategorien betrachtet werden. Die Ziffern liegen leider nicht für ganz Europa vor. Mit Ausnahme Frankreichs konnte aber bereits ermittelt werden, welcher Prozentsatz der Pensionsaktiva in Aktien angelegt wird, mit einer genauen Unterscheidung zwischen in- und ausländischen Aktien. Bemerkenswert ist dabei zum Beispiel, daß der Aktienbesitz in Dänemark zwar nur relativ geringe 22 % der dänischen Pensionsaktiva darstellt, volumensmäßig aber fast das in Aktien veranlagte Geld in Deutschland erreicht. Die Deutschen legen nur 9 % ihrer Pensionsaktiva in Aktien an, davon 6 % am heimischen Aktienmarkt und 3 % im Ausland.

Die Aufteilung der Veranlagungen auf verschiedene Anlagekategorien ist ein erster aufschlußreicher Blickwinkel, um den Einfluß der Pensionsvorsorge auf die Aktienmärkte zu erahnen. Anhand einiger Beispiele kann man feststellen, daß die Veranlagungsgrade in Aktien in Europa noch weit auseinandergehen.

In Großbritannien zum Beispiel teilen sich die Pensionsaktiva (862 Milliarden USD) folgendermaßen auf:

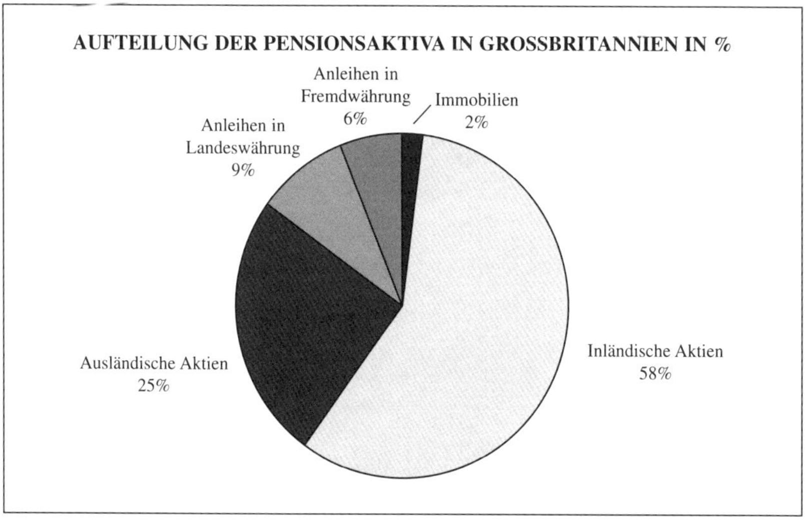

Großbritannien ist auch im weltweiten Vergleich das Land, wo die Erkenntnis, daß Aktien im langfristigen Vergleich mit an Sicherheit grenzender Wahrscheinlichkeit die am höchsten rentierende Anlageform darstellen (diese Erwartung entfließt der statistischen Betrachtung der Vergangenheit), am extremsten umgesetzt wird, ohne übermäßige Rücksichtnahme auf die Risikobereitschaft und die Psychologie des einzelnen Anlegers.

In Deutschland hingegen sieht die Aufteilung der Veranlagungen ganz anders aus:

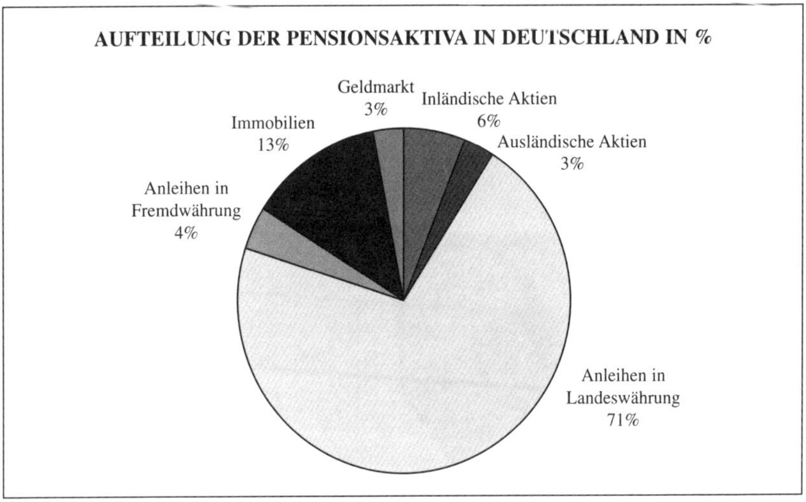

Anhand dieses Beispiels wird die Rolle der Anlegermentalität gut illustriert. Im deutschsprachigen Raum genießen festverzinsliche Anlagen große Beliebtheit. Gleichzeitig ist diese Aufteilung eine gute Grunderklärung der Struktur der deutschen Kapitalmärkte. Der Anleihenmarkt in Deutschland ist einer der höchstentwickelten Europas. Der Aktienmarkt hingegen spiegelt nicht die wirtschaftliche Stärke des Landes wider. Während die britische Börsenkapitalisierung über 140 % des britischen BIP darstellt, wiegt die deutsche Börse nur knapp 30 % des deutschen BIP.

Die Aufteilung der Vorsorgegelder in Italien ist ebenfalls interessant:

AUFTEILUNG DER PENSIONSAKTIVA IN ITALIEN IN %

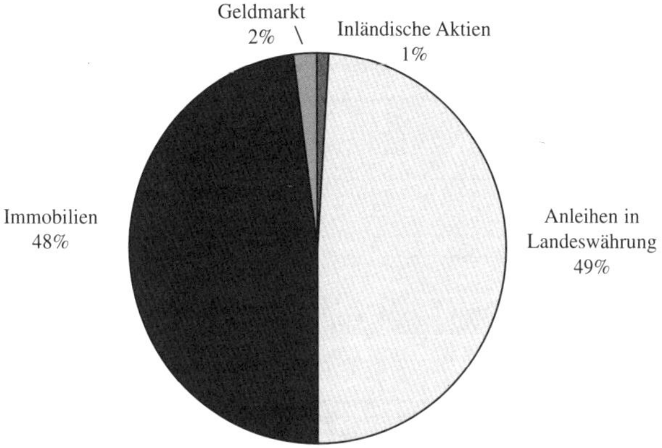

Der historische Hintergrund hoher Inflation und die Suche nach Wertbeständigkeit prägen hier die Aufteilung der Anlagen. Anleihen und Geldmarktprodukte konnten aufgrund der in der Vergangenheit hohen Zinsen in Italien im Vergleich zu Aktien attraktive Renditen bieten. Immobilien wurden als die beste Anlageform zur Wertsicherung gesucht.

Im europäischen Vergleich zeigt sich eine Abstufung der Aktienquoten bei den Veranlagungen der Pensionsaktiva:

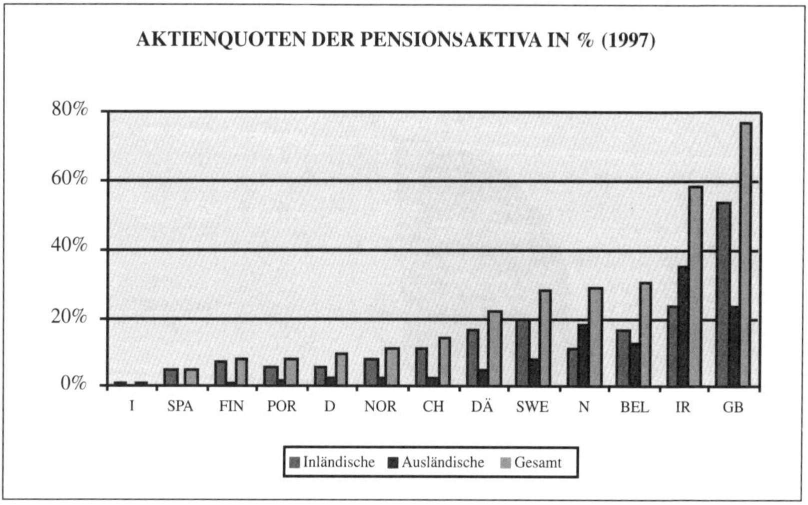

Bei dieser Graphik ist bemerkenswert, daß die angelsächsischen Länder (Großbritannien und Irland) eine sehr hohe Aktienquote, die skandinavischen Länder ebenfalls eine relativ hohe, während der deutschsprachige Raum und die Länder Südeuropas eine sehr niedrige Aktienquote ausweisen. In Südeuropa sind wie bereits erwähnt die sehr hohen Zinsen eine Erklärung für die niedrigen Zahlen. Welcher Anleger möchte in Aktien investieren, wenn er ähnliche risikofreie Renditen am Geldmarkt erzielen kann? Im deutschsprachigen Raum dürften neben der ebenfalls schon angeführten Mentalität die Besitzverhältnisse bei den Unternehmen eine wichtige Rolle spielen. Es gibt zahlreiche gegenseitige Beteiligungen zwischen Unternehmen. Der Streubesitz stellt einen geringen Anteil am Kapital dar. Die Börse spielt eine geringere Rolle in der Unternehmensfinanzierung bzw. in der Kapitalbeschaffung als im angelsächsischen Raum.

Die Auswirkungen der unterschiedlichen Aktienquoten werden um so deutlicher, wenn man die absoluten Kennzahlen, die diese Aktienquoten darstellen, vergleicht. Englands Börsenkapitalisierung beträgt über 140 % des BIP, und Englands Vorsorgegelder, die in Aktien fließen, stellen 664 Milliarden USD dar. Deutschlands Börsenkapitalisierung stellt knapp 30 % der Wirtschaftsleistung des Landes dar. Die Pensionsaktiva, die in Aktien veranlagt sind, erreichen nur einen Gegenwert von 32 Milliarden USD.

AKTIENANTEIL DER PENSIONSAKTIVA IN MILLIARDEN USD (1997)

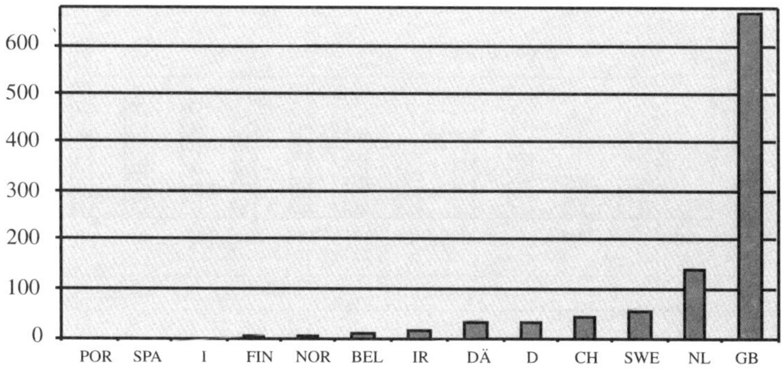

In Großbritannien, Schweden, der Schweiz, den Niederlanden und Dänemark kann man anhand der vorangehenden Kennzahlen ein wesentlich höheres „Vorsorgeniveau“ als im europäischen Schnitt feststellen. Die Haupterklärung dafür liegt in dem fortgeschrittenen Entwicklungsstadium der privaten und betrieblichen Pensionsvorsorge in diesen Ländern. In vier dieser Länder konnte eine hohe Aktienquote der Pensionsaktiva festgestellt werden. Das bedeutet, die regelmäßigen Einzahlungen in den betrieblichen Pensionsfonds oder in den privaten Fondssparvertrag führten und führen den Aktienmärkten dieser Länder regelmäßig Liquidität zu. In der Schweiz ist die Aktienquote zwar im europäischen Vergleich relativ niedrig, das Vorsorgeniveau aber so hoch, daß die Mittel, die in Aktien fließen, in absoluten Zahlen beträchtliche Summen darstellen.

Anhand der Wertentwicklungen der europäischen Börsen über lange Perioden kann der Einfluß dieser Geldflüsse an den Aktienmärkte illustriert werden:

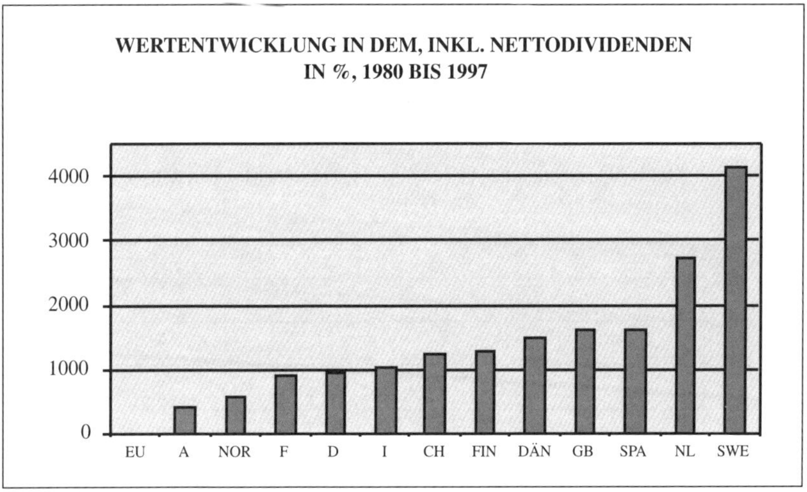

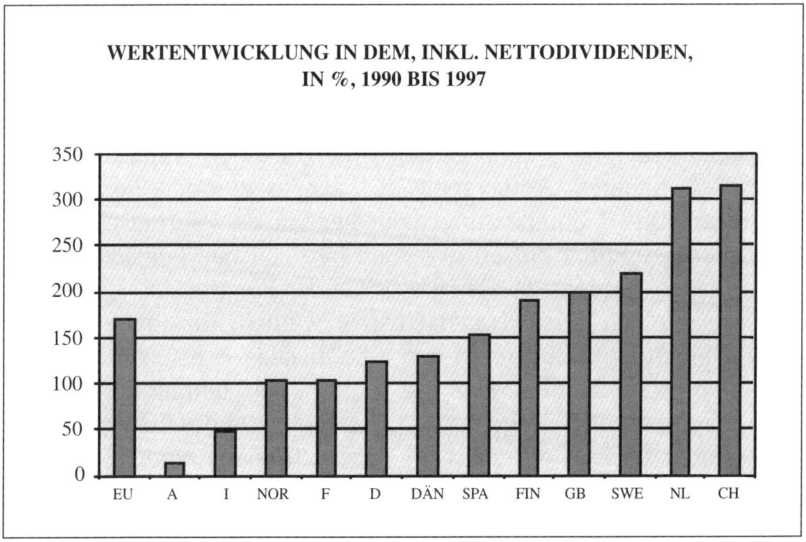

Sowohl seit 1980 als auch seit 1990 heben sich die oben angesprochenen Länder durch eine überdurchschnittliche Kursentwicklung von den restlichen Ländern Europas ab.

Nur Finnland und Spanien haben in den zwei beobachteten Perioden vergleichbare Wertzuwächse erzielt. Diese Entwicklungen können durch die Sondersituation der beiden Länder erklärt werden. Das Herausrücken Finnlands aus dem Schatten der damaligen Sowjetunion hat in Finnland eine starke wirtschaftliche Entwicklung bewirkt. Seit 1980 hat besonders die überdurchschnittliche Wertsteigerung des Mobiltelephonkonzerns Nokia die finnische Börse beflügelt. Das Unternehmen stellt heute allein fast ein Drittel der Börsenkapitalisierung von Helsinki dar. In Spanien muß die Wirtschaft im Lichte der Veränderungen seit dem Tode Francos gesehen werden. Von 1975 an hat das bis dahin weitgehend abseits stehende Land einen raschen Anschluß an die Europäische Union gefunden.

Die aktuellen Bewertungen der europäischen Börsen spiegeln konsequent die Einflüsse der Liquiditätszuflüsse von Vorsorgegeldern wider. Die Länder mit hohen Pensionsaktiva und bereits bestehenden betrieblichen Vorsorgesystemen, die Länder, wo auch privat Anerkennung für Aktien als ideales langfristiges Anlageinstrument existiert, das heißt Großbritannien, Schweden, Dänemark, die Niederlande und die Schweiz, weisen die höchsten Börsenbewertungen innerhalb Europas aus.

EUROPAS AKTIENMÄRKTE NACH DEM KURS-ZU-BUCHWERT-VERHÄLTNIS 1998 (Stand 03/98)

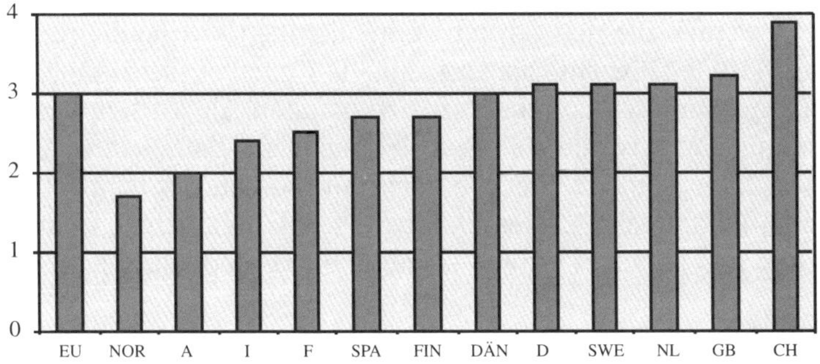

Die Kennzahl Kurs-zu-Buchwertverhältnis errechnet sich anhand des Bruches des Aktienkurses durch den Buchwert je Aktie. Der Buchwert ermittelt den Bilanzwert eines Unternehmens abzüglich der Schulden an Dritte. Ein niedriges Kurs-zu-Buchwertverhältnis ist ein Zeichen, daß die Nettoaktiva des Unternehmens günstig zu erwerben sind.

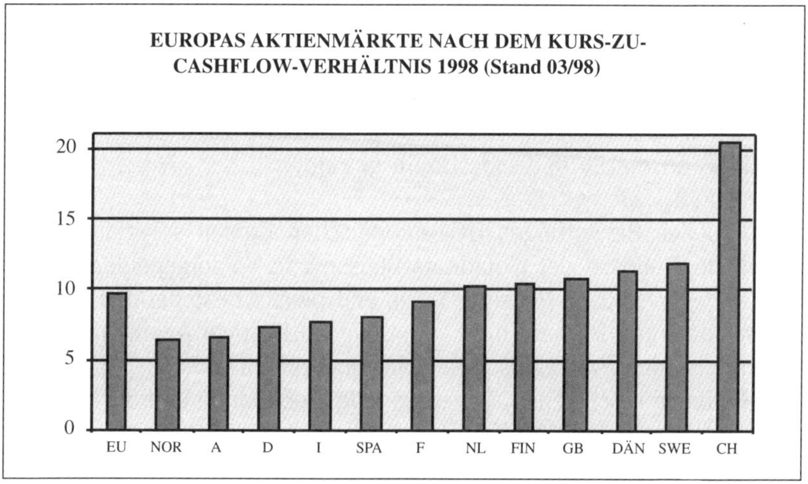

Die Kennzahl Kurs-zu-Cashflow-Verhältnis errechnet sich anhand des Bruches des Aktienkurses durch den Cashflow je Aktie. Dieser wird anhand der Gewinn-und-Verlust-Rechnung des Unternehmens ermittelt. Es werden die den Gewinn vermindernden Abschreibungen dem ausgewiesenen Gewinn hinzugezählt, um eine bessere Annäherung der Ertragskraft des Unternehmens zu erhalten. Ein Kurs-zu-Cashflow-Verhältnis von 3 würde zum Beispiel bedeuten, daß, wenn die Erträge des Unternehmens über die nächsten drei Jahre zumindest gleich blieben, es drei Jahre dauern würde, bis das Unternehmen durch die von ihm geschaffenen Erträge seinen Wert verdoppelt.

Welche Perspektiven eröffnen sich aus den oben angeführten Daten und Graphiken für die Aktienmärkte in Europa?

Die privaten Pensionsgelder bedeuten starke Liquiditätszuflüsse für die lokalen Aktienmärkte.

Märkte, wo die Reform oder die Ergänzung des staatlichen Pensionssystems durch eine private Vorsorge bereits durchgeführt wurde, haben eine überdurchschnittliche Kursentwicklung verzeichnet und weisen heute eine höhere Börsenbewertung aus als die restlichen europäischen Märkte.
Diese Märkte sind Großbritannien, die Niederlande, Schweden, die Schweiz und Dänemark.

Die Märkte, wo die Reform oder die Ergänzung des staatlichen Pensionssystems durch eine private Vorsorge noch ansteht oder wo sie sich in ihrer Anfangsphase befindet, dürften nun durch die erwarteten Liquiditätsflüsse ebenfalls überdurchschnittliche Entwicklungen verzeichnen.
Diese Länder weisen im europäischen Vergleich attraktive Bewertungen aus.
Es handelt sich um Frankreich, Spanien, Italien, Deutschland, Finnland und Österreich.

Die Länder, wo die private Pensionsvorsorge bereits entwickelt ist, weisen nach der Kennzahl der Marktkapitalisierung in Prozent des BIP höhere Kennziffern als die restlichen Märkte Europas aus. Die Börsen Großbritanniens, Schwedens, der Niederlande und der Schweiz haben einen Wert von über 100 % des BIP. Das ist nur bedingt das Zeugnis der oben erwähnten höheren Bewertung dieser Märkte. Es bedeutet, daß in diesen Ländern die Unternehmen die Börse stärker zur Aufnahme von Kapital nützen. Mehr börsenotierte Unternehmen einerseits und mehr Liquidität durch Vorsorgegelder, die an die Börse fließen, andererseits bilden ein ideales Umfeld, um in Nebenwerte zu investieren.

Die Aufwertung der Hauptwerte durch die Liquidität aus Vorsorgegeldern sollte mittelfristig auch in den anderen Ländern Europas ein

Umfeld schaffen, in dem die Veranlagungen in Nebenwerten gesucht werden. Allgemein ist mit einer veränderten Einstellung zu Aktien zu rechnen. Wie man anhand der Kennziffer der Pensionsaktiva pro Kopf feststellen kann, werden Aktien zu einem wichtigen Vermögensfaktor in den Ländern, in denen die private Vorsorge mit Aktien bereits verbreitet ist. Die Reformierung des Sozialstaats und die aus Stabilitätsgründen durchgeführten Sparmaßnahmen deuten darauf hin, daß die private Vorsorge eine wichtige Rolle zur Sicherung des zukünftigen Lebensniveaus spielen wird.

Die Entwicklung der privaten Vorsorge mit Aktien ist der wichtigste Trend, der die europäische Börsenlandschaft auf der Angebotsseite in den kommenden Jahren beeinflussen wird. Belebt sollten die europäischen Börsen auch durch eine verstärkte Nachfrage nach Kapital seitens der Unternehmen werden.
Die Einführung der privaten Vorsorge mit Aktien integriert sich in eine Serie von Entwicklungen und Reformen, welche die Struktur der Wirtschaft in Europa verändern. Unter den wichtigsten Entwicklungen kann man den Rückzug des Staats aus vielen Wirtschaftsbereichen, die Reform des Sozialstaats, die Liberalisierung der Wirtschaft, die europäische Integration, die Einführung des EURO u. v. m. aufzählen. Die Unternehmen in Europa passen sich Schritt für Schritt an die neuen Wirtschaftsbedingungen an. Die erhöhten Anforderungen an Effizienz in einem neuen Wettbewerbsumfeld und die Umstrukturierungskosten, die damit verbunden sind, sind die Hauptfaktoren, die einen steigenden Kapitalbedarf erwarten lassen.
Die Börsen Europas ermöglichen die Zusammenkunft von Angebot und Nachfrage nach Kapital. Beide Größen dürften in den kommenden Jahren aus den aufgezählten Gründen stark wachsen.
Für die Anleger bieten die europäischen Märkte in dieser Hinsicht viele Chancen, die durch ein frühzeitiges Positionieren optimal genützt werden können.

Pensionsinvestmentfonds und Wien

Stephan Sieder

(Auszug aus OPTION 03/98)

Pensionsinvestmentfonds

Den Pensionsinvestmentfonds wird in den nächsten Monaten vermehrt Aufmerksamkeit geschenkt werden. Dieser im neuen Investmentfondsgesetz vorgesehenen Fondskategorie hat der Gesetzgeber eine Regelung zugedacht, um die Österreicher zur langfristigen (privaten Pensions-) Vorsorge zu bewegen.
Damit die Österreicher durch eine möglichst langfristige Anlage optimale Ergebnisse erzielen, ist beim Ausstieg aus dem Pensionsinvestmentfonds vor Erreichen der Pension ein Pönale vorgesehen.
Was kann nun den Anleger dazu bewegen, eine solche Bestimmung in Kauf zu nehmen? Der Gedanke einer steuerlichen Begünstigung von Pensionsinvestmentfonds drängt sich auf – und eine solche wurde bereits im Rahmen der großen Steuerreform im Jahr 2000 in Aussicht gestellt.
Diese Verschiebung läßt einen nur zögernden Start der Pensionsinvestmentfonds befürchten. Aufgrund der Veranlagungsbestimmungen von Pensionsinvestmentfonds, die eine Veranlagung zu mindestens

30 % in Aktien und zu mindestens 30 % in Anleihen vorsehen, erhält die Frage nach der Form der steuerlichen Begünstigung zusätzliches Gewicht. Sie könnte erheblichen Einfluß auf die Struktur der privaten Pensionsvorsorge in unserem Land nehmen.
Sollte der Gesetzgeber z. B. einer Kest-Befreiung gegenüber einer steuerlichen Absatzmöglichkeit den Vorzug geben, ist damit zu rechnen, daß die Österreicher die Pensionsinvestmentfonds bevorzugen werden, die nur die Minimalquote von 30 % Aktien erfüllen. Damit könnten sie die für Anleihen wesentlich attraktivere Kest-Befreiung optimal nutzen. Damit würden sie aber außer acht lassen, daß Aktien mit an Sicherheit grenzender Wahrscheinlichkeit in der Zukunft wie in der Vergangenheit langfristig die Anlagekategorie mit den höchsten Ertragschancen darstellen.
Vorläufig offen läßt die neue Investmentfondsregelung auch, wie die verschiedenen Anlagehorizonte der Anleger – je nachdem, wie nahe sie sich zum Pensionsalter befinden – unter dem Dach eines Pensionsinvestmentfonds vereint werden können.

Börse Wien

Die Einführung der Pensionsinvestmentfonds könnte der auslösende Faktor für eine Wiederbelebung des Wiener Aktienmarktes werden. Die im europäischen Vergleich schwächste Wertentwicklung, die österreichische Aktien sowohl seit 1980 als auch seit 1990 aufgewiesen haben, könnte durch neue Liquiditätszuflüsse in ihr Gegenteil umgekehrt werden.
In der Vergangenheit war man immer wieder auf ausländische Investoren angewiesen, um die Kurse in Wien anzutreiben.
Die Österreicher selbst wollten nicht in Aktien investieren – aufgrund einer sicherheitsorientierten Mentalität, so die verbreitete Argumentation.
Gleichzeitig wurden ausländische Anleger durch die offen ausgesprochene politische Zielsetzung zugunsten „österreichischer Lösungen“ regelmäßig entmutigt.
Internationale Großinvestoren wie Pensionsfonds meideten auch aus

Liquiditätsüberlegungen den österreichischen Aktienmarkt.
Durch die Auflage der Pensionsinvestmentfonds könnte sich beides ändern. Österreich setzt damit ein wichtiges Zeichen.
Als erster Schritt im Aufbau eines ergänzenden Pensionssystems nach dem Kapitaldeckungsverfahren bezeugen die Pensionsinvestmentfonds die politische Anerkennung für die Notwendigkeit von Strukturreformen.
Das erntet bei ausländischen Investoren Anerkennung. Die Pensionsinvestmentfonds sollten durch die neu geschaffene Liquidität den österreichischen Aktienmarkt weiter aufwerten. In einer Studie des US-Investment-Hauses Morgan Stanley wurde die Wiener Börse erst kürzlich sogar als eine der fundamental attraktivsten in Europa identifiziert.

Die Altersvorsorge in Deutschland

Claudia Dahlem

Vorwort

Kaum ein Thema sorgt zur Zeit für mehr Gesprächsstoff als die „Altersvorsorge". Fast täglich tragen die Medien durch ihre Berichterstattung sowohl zur Aufklärung, aber nicht selten zur Verunsicherung mit Schlagzeilen wie:

„Rentenreform"

„der Weg in die steuerfreie Rente"

"the storm on the horizont"

bei.

Grund zur Unruhe besteht zu Recht. Eine besondere Verschärfung erfährt das Thema in Deutschland durch vorzeitigen Ruhestand, steigende Lebenserwartung und niedrige Geburtenraten. Die aktive Gestaltung eines längeren Lebensabends will finanziert sein – zumal, wenn aufwendige Hobbys betrieben werden.

Zum Glück gibt es zahlreiche Möglichkeiten, die drohenden Versorgungslücken zu schließen oder wenigstens abzumildern. In einigen Fällen hilft der Staat durch Steuerbegünstigungen oder Zulagen, und auch die Arbeitgeber leisten ihren Beitrag. Gerade wegen der Vielfalt der Möglichkeiten, die für einzelne oft gar nicht durchschaubar sind, ist jeder aufgefordert, sich rechtzeitig Gedanken über **seine** individuelle Altersvorsorge zu machen, damit der Lebensstandard auch im Alter gehalten werden kann.

1. Steuerliche Vorteile und Zulagen von Vater Staat

1.1. 5. Vermögensbildungsgesetz

Durch das **5. Vermögensbildungsgesetz** wird die staatliche Förderung in der privaten Vermögensbildung auf das Sparen in Produktivvermögen konzentriert. Geförderte Anlagen sind insbesondere:
- Anlagen aufgrund eines Sparvertrags über Wertpapiere oder anderer Vermögensbeteiligungen;
- Anlagen aufgrund eines Vertrags nach dem Wohnungsprämiengesetz.

Die Einkommensgrenzen, innerhalb derer ein Anspruch auf die Sparzulage besteht, betragen bei Alleinstehenden 27.000 DM und bei Verheirateten 54.000 DM. Der begünstigte Höchstbetrag liegt bei 936 DM. Siehe hierzu auch eine detaillierte Aufstellung im Anhang 1.

Am 1.01.1999 sollen folgende Gesetzänderungen in Kraft treten:
- Erhöhung der Einkommensgrenzen auf 35.000/70.000 DM.
- Zulagenbegünstigt bleiben wie bisher 936 DM mit 10 %, jedoch ausschließlich für Bausparen.
- Erweiterung des Anlagekataloges um Wertpapier- und Grundstückssondervermögen sowie Investmentfondsanteil-Sondervermögen bis zu einem Betrag von 800 DM (1.000 DM für Anleger in den neuen Bundesländern) jährlich mit einer Zulage von 20 %.
- Ausweitung der tarifpolitischen Gestaltungsmöglichkeiten, des sogenannten Investivlohns.[1]

Vermögenswirksame Leistungen sind Geldleistungen, die der Arbeitgeber für den Arbeitnehmer zur Anlage in einer in den im 5. Vermögensbildungsgesetz genannten Anlageformen erbringt. Die Leistungen müssen direkt vom Arbeitgeber an das Institut erfolgen, bei dem der Arbeitnehmer einen Vertrag im Sinne des Vermögensbildungsgesetzes abgeschlossen hat. Sie können nach dem Tarifvertrag als freiwillige Leistungen des Arbeitgebers und auch auf Antrag des Arbeitnehmers als Teil des Arbeitslohns in Form eigener Leistungen erbracht werden.[2]

1.2. § 19 a EstG

Lediglich die Sperrfrist von sechs Jahren ist bei der zweiten Form der Förderung zu beachten. Der Steuer- und sozialabgabenfreie Firmenzuschuß nach § 19 a EstG von derzeit 300 DM pro Jahr und Mitarbeiter wird Unternehmen gewährt, die Kapitalbeteiligungen verbilligt oder unentgeltlich ihren Mitarbeiter anbieten.

1.3. Wohnungsbauprämie

Zur Förderung des privaten Wohnungsbaues gewährt der Staat bei Einzahlungen auf einen Bausparvertrag eine jährliche Wohnungsbauprämie in Höhe von 10 %. Vorausgesetzt, die Einkommensgrenzen von 50.000 DM für Alleinstehende bzw. 100.000 DM für Verheiratete werden nicht überschritten. Einzahlungen bis max. 1.000/2.000 DM pro Jahr werden auf diese Weise begünstigt.
Eine vorzeitige Verfügung ist nur im Rahmen einer wohnwirtschaftlichen Verwendung oder im Notfall zulässig.

1.4. Abschreibungen und Eigenheimförderung

Der Bau/Kauf selbstgenutzter Immobilien wird durch die Gewährung von **Eigenheimzulagen** forciert. Anreiz zur Erstellung von Mietobjekten bzw. zum Kauf geschlossener Immobilienfonds wird den Investoren durch die Möglichkeit der **Abschreibung** gegeben. Von Abschreibungen profitieren auch die Anleger offener Immobilienfonds über teilweise steuerfreie Ausschüttungen.

2. Die gesetzliche Altersvorsorge

2.1. Der Generationenvertrag

„Die arbeitende Generation finanziert die jeweilige Altersrente der nicht mehr arbeitenden.“

Diese Idee von Bismarck gilt seit 1891 und hat sich über Jahrzehnte bewährt. 1957 wurden die Renten dynamisiert, so daß männliche Ruheständler heute nach Abzug des Krankenkassenbeitrags auf Nettorenten von durchschnittlich fast 2.000 DM pro Monat kommen. Die meisten Rentenbezieher begannen ihr Berufsleben mit der Gründung der Bundesrepublik 1949 im Alter von 14 Jahren und kommen somit auf rund 45 Beitragsjahre.

Hohe Lohnzuwächse in den Jahren des Wirtschaftswunders ermöglichten eine stetige Anpassung der Beiträge zur Rentenversicherung. Gleichwohl blieben die meisten Einkommen unterhalb der Beitragsbemessungsgrenze (Obergrenze, bis zu der vom Bruttoarbeitsverdienst Beiträge zur Rentenversicherung abgezogen werden), die 1996 z. B. 8000/6800 DM West/Ost betrug, was dazu führte, daß das Lebenseinkommen von sehr vielen, die jetzt in den Ruhestand gehen, in voller Höhe rentenversichert ist. Beamte erhalten, unabhängig vom Geschlecht, 75 % ihrer letzten Aktivbezüge bereits nach 35 Dienstjahren.[3]

Seit 1977 wurde immer wieder in die Rentenfinanzierung eingegriffen, um die Beitragsleistungen erträglich zu gestalten. Konjunkturelle Probleme, Arbeitslosigkeit, Kosten der deutschen Einheit, versicherungsfremde Leistungen sind nur einige Faktoren, die zur Überlastung der Rentenkassen führten.

1992 wurden die Rentensteigerungen durch die Einführung der Nettorentenformel den Steigerungen der aktiven Einkommen angepaßt. 1996 wurde die stufenweise Anhebung der Rentenaltersgrenzen beschlossen.

Die letzte Änderung erfolgte mit der 1997 beschlossenen Rentenreform für 1999. Die Nettorentenformel wurde durch eine Demographiekomponente ergänzt, so daß bei steigender Lebenserwartung, also zunehmender Rentenlaufzeit, Anwartschaften und Bestandsrenten langsamer als die verfügbaren Einkommen wachsen (Anhang 2).[4]

Bisher war immer dann der Idealzustand erreicht, wenn ein Arbeitnehmer 45 Jahre eingezahlt hatte und sein Einkommen sich ständig um die Beitragsbemessungsgrenze bewegte.[5]

2.2. Die Rentenversicherung heute und in Zukunft

85 % der Erwerbsbevölkerung sind Pflichtmitglieder in der gesetzlichen Rentenversicherung. Davon bezieht wiederum der größte Teil ein durchschnittliches Einkommen von rund 50.000 DM brutto jährlich. Anspruch auf Altersrente haben:

- Arbeitnehmer (bei mind. 60 Monaten Beitragszeit) automatisch ab dem 65. Lebensjahr;
- bereits ab dem 63. Lebensjahr, wenn 35 „rentenrechtliche" Jahre absolviert sind;
- Arbeitslose ab dem 63. Lebensjahr;
- Frauen z. Zt. noch ab dem 60. Lebensjahr, sofern sie mind. 15 Jahre Beitragszeiten nachweisen können und nach dem 40. Geburtstag mind. 121 Monate Pflichtbeiträge entrichtet wurden;
- Schwerbehinderte, Berufs- und Erwerbsunfähige, wenn sie mindestens 60 Jahre alt sind.

Die Rentenreform ab 1999 hat u. a. folgende Auswirkungen:

- Die Versorgungslücke wird im Laufe der Jahre größer, da die Renten nicht mehr so schnell wachsen wie die Einkommen.
- Sichergestellt wurde, daß das Nettorentenniveau nicht unter 64 % des letzten Nettoeinkommens rutscht. Auch eine negative Rentenanpassung ist nicht zu befürchten.
- Die Anhebung der Rentenaltersgrenzen und Abschaffung der Arbeitslosenrente bewirkten auf Sicht wieder längere Lebensarbeitszeiten. Bereits unter 65 Jahren Rente zu beziehen wird dann nur noch unter Inkaufnahme von Abschlägen möglich sein.

- Die bisherigen Renten wegen Berufs- und Erwerbsunfähigkeit werden durch eine zweistufige Erwerbsminderungsrente ersetzt.
- Kindererziehungszeiten werden zwar künftig höher bewertet und zeitgleich vorliegende Beiträge zusätzlich angerechnet – aber dafür können nach 1951 geborene Frauen nicht mehr mit 60 Jahren in den Ruhestand gehen.

Beamte haben es etwas besser. Deren Altersvorsorge bemißt sich nach Endgehalt und kann immerhin eine Höhe von drei Viertel der letzten Dienstbezüge bereits nach 40 Dienstjahren erreichen. Die Altersgrenze wird ebenfalls auf 65 angehoben.

Wird keine Eigenvorsorge betrieben, läßt sich der Lebensstandard unter diesen Voraussetzungen im Alter kaum halten. Bedenklich ist die Situation besonders für:

- leitende Angestellte, aufgrund einer geringeren Anzahl von Berufsjahren und Einkommen, die weit über der Beitragsbemessungsgrenze liegen;
- Unternehmer, die keiner Pflichtversicherung unterliegen;
- Landwirte, wenn sie neben den vergleichsweise niedrigen Beiträgen zur Altersversicherung für Landwirte nicht Eigenvorsorge betreiben;
- Frauen, da sie trotz Gleichberechtigung häufig weniger verdienen, Babypausen einlegen, wegen der Kindererziehung 620-Mark-Jobs annehmen oder im Betrieb des Mannes (unentgeltlich) aushelfen.[6]

3. Die betriebliche Altersvorsorge

3.1. Direktzusage und Unterstützungskasse

In Deutschland die betriebliche Altersvorsorge schlechthin. In Form von Pensionsrückstellungen werden Mittel im Unternehmen für die Altersvorsorge steuerneutral gebunden bzw. an eine vom Unterneh-

men getragene Unterstützungskasse übertragen. Die Mitarbeiter versteuern nicht schon die Zusage, sondern erst später die Rente.[7]
Zu beachten sind hier unbedingt die Fristen zur Unverfallbarkeit der Betriebsrente. Wer bis zur Kündigung seinem Unternehmen nach Rentenzusage mind. 10 Jahre treu war und älter als 35 Jahre alt ist, hat Anspruch auf das bis zur Kündigung erworbene, anteilige Ruhegeld.

3.2. Die Direktversicherung

Hoher Steuersatz? Um so besser! Bis zu 3408 DM pro Jahr können vom Bruttogehalt in eine Lebensversicherung eingezahlt werden. Die Versicherungsprämie aus Gehaltsumwandlung unterliegt nur einer 20%igen Pauschalsteuer. Das Bruttoeinkommen wird gesenkt und damit das zu versteuernde Einkommen. Voraussetzung ist der Abschluß einer **Lebensversicherung** im Rahmen der betrieblichen Altersvorsorge über den Arbeitgeber mit einer Mindestlaufzeit von 12 Jahren bzw. bis zum vollendeten 60. Lebensjahr.
Auch der Abschluß von Rentenversicherungen wäre theoretisch in dieser Form möglich – nur sind diese beim Arbeitgeber aufgrund der zwingend vorgeschriebenen Anpassung der Renten an die Inflation nicht sonderlich beliebt.

3.3. Mitarbeiterkapitalbeteiligungen

Die **Belegschaftsaktie** ist wohl die bekannteste und älteste Form der Mitarbeiterbeteiligung. Mitarbeiter großer, umsatzstarker Aktiengesellschaften profitieren bereits seit Ende des letzten Jahrhunderts von der Möglichkeit, sich zu einem Vorzugspreis an „ihrem Unternehmen" zu beteiligen. Beispielsweise halten bei Volkswagen, Siemens, Dresdner Bank ca. 1,6 Mio. Belegschaftsaktionäre fast 22 Mrd. DM.
Sparzulagen oder Firmenzuschüsse bieten neben den allgemeinen Vorteilen von Aktien zusätzlich Renditesteigerungen.
Vor Ablauf der Sperrfrist von 6 Jahren ist ein Verkauf von Belegschaftsaktien nicht möglich und wird i. d. R. auch nicht angestrebt. Belegschaftsaktionäre, die regelmäßig ihre Zeichnungsrechte wahr-

nehmen, bekommen im Laufe der Jahre beträchtliche Summen zusammen, die einen idealen Grundstock zur eigenen Altersvorsorge bilden. Innovativ sind die in Deutschland von einigen Großbetrieben vornehmlich ihren Führungskräften angebotenen **Stock Options.** Ein festverzinsliches Wertpapier in Form einer Optionsanleihe oder Wandelschuldverschreibung verbrieft das Recht auf den Bezug von Aktien des eigenen Unternehmens. Diese Form der Vorsorge ist in den USA weit verbreitet. Damit nicht nur Führungskräfte in den Genuß kommen, werden von einigen Gesellschaften sogenannte Aktienoptionspläne angeboten (z. B. VW mit jährlicher Mindestansparsumme von 1000 DM).

Genußrechte sind ebenfalls beliebt und hervorragend zum Aufbau der Altersvorsorge geeignet. Statt der Barauszahlung von Erfolgsbeteiligungen erhalten die Mitarbeiter Genußrechte. Eine durchschnittliche Verzinsung von 10 %, die den Mitarbeitern jährlich ausgeschüttet wird, ist nicht selten. Den Unternehmen bleibt die Liquidität mit eigenkapitalähnlichem Charakter erhalten. Eine Förderung nach dem 5. VermBG bzw. § 19 a EstG ist vorgesehen. Weitere Möglichkeiten von Mitarbeiterkapitalbeteiligungen sind:

Mitarbeiterdarlehen, GmbH Anteile	› Förderung wie beschrieben
Stille Beteiligungen	› Förderung vorgesehen

3.4. Altersvorsorge-Sondervermögen

Am 1.04.1998 trat das **3. Finanzförderungsgesetz** in Kraft. Es beinhaltet u. a. Regelungen für einen neuen Fondstyp:

Dem **Altersvorsorge-Sondervermögen,** kurz AS.

Ist dieser Fondstyp vielleicht schon als Vorläufer der anglo-amerikanischen Pensionsfunds anzusehen? Die international bekannten Pensionsfonds sind in den USA und Großbritannien die Träger der betrieblichen Altersvorsorge. Die aus dem Betrieb ausgelagerten Vermögen werden von Trusts unter Berücksichtigung steuerlicher und arbeitsrechtlicher Vorschriften verwaltet.

Die Vermögensmassen werden überwiegend in Aktien investiert, um eine maximale Rendite zu erzielen, denn dies ist in den Ländern aufgrund der schlechten staatlichen Absicherung auch notwendig. Positiver Nebeneffekt ist die höhere Liquidität der Märkte. In Deutschland hat die Emission der Telekom zwar ein Umdenken bewirkt, aber noch lange nicht alle Anleger von den Vorteilen einer Investition in Aktien überzeugt. In welchem Umfang die Pensionsfonds in Deutschland eingeführt werden, bleibt nach abzuwarten. Diskutiert werden u. a. die steuerlichen Konsequenzen einer 1:1 Übernahme. So befürchtet der Fiskus Steuerausfälle bei Einführung der „nachgelagerten Besteuerung“.

4. Die private Altersvorsorge

4.1. Immobilien

U. a. Schutz vor Inflation und die Tatsache, daß seit 1990 die Mieten um durchschnittlich 34 %, die Renten dagegen um nur 23,6 %[8] gestiegen sind, machen die Immobilie zur interessanten Anlageform.

4.1.1. Die selbstgenutzte Immobilie

Mietfreies Wohnen – nicht erst im Alter – ist ein angestrebtes Ziel von ca. 80 % der Menschen in Deutschland. Durch den Kauf/Bau eines Eigenheimes steht nach Abzahlung eventueller Wohnbaukredite das Einkommen und später die Rente uneingeschränkt zur Verfügung. Schon in jungen Jahren ist es sinnvoll, unter Ausnutzung von Wohnungsbauprämien und Steuervorteilen auf dieses Ziel hinzuarbeiten. In den letzten Jahren hat sich aber eine Tendenz entwickelt, nach der auch 50- bis 60jährige noch einmal umdisponieren. Der Grund liegt häufig in der Angst vor Krankheit oder Pflegebedürftigkeit im Alter. Sorgte früher die Großfamilie für Schutz und Sicherheit, bleibt heute vielen nur das Altenheim, wenn sie sich keine häusliche Pflege leisten können bzw. die Leistungen der Pflegeversicherung nicht ausreichen. Der Immobilienmarkt hat mit „betreutem Wohnen in Eigentumswohnungen“ auf diesen neuen Trend reagiert. Bereits Jahre vor Eintritt des Versorgungsfalles sichert sich der Interessent in Form von Beteiligungen oder durch den steuerbegünstigten Kauf einer Wohnung seinen Alterswohnsitz.

4.1.2. Die vermietete Immobilie

Die Steuervorteile durch Abschreibungen – insbesondere beim Bau, Kauf oder der Sanierung von Ostimmobilien – haben in der Vergangenheit gerade den Besserverdienenden Anreize zu Investitionen gegeben. Nach Abzahlung der Kredite stehen Mieterträge, die im Ruhestand zudem noch niedriger besteuert werden, zur Verfügung.

4.1.3. Immobilienfonds

Durch Verlustzuweisungen sind **geschlossene Immobilienfonds** für Besserverdienende interessant. Nach Auslaufen der Steuervorteile sind auch hier, abhängig von der Qualität der Objekte, gute Renditen durch die Mieteinnahmen erzielbar. Schon mit einem verhältnismäßig kleinen Kapitaleinsatz können Anteile erworben werden. Besonders wichtig ist die gründliche Prüfung von Objekten und Vertragspartnern. Ein einmal erworbener Anteil ist nur noch über den oft illiquiden Sekundärmarkt zu veräußern.
Offene Immobilienfonds bieten ebenfalls die Möglichkeit der Anlage in wertbeständige Immobilien. Durch einen wesentlich größeren Immobilienbestand in verschiedenen Lagen besteht ein hohes Maß an Risikostreuung. Offene Immobilienfonds sind täglich veräußerbar. Sie bieten im Gegensatz zu geschlossenen Immobilienfonds die Möglichkeit der regelmäßigen Einzahlung kleinerer Beträge (z. B. ab mtl. 200 DM auf ein DIFA – Deutsche Immobilien Fonds AG – Anlagekonto). Im Ruhestand wird so durch Umwandlung in einen Auszahlplan eine zusätzliche Rente erzielt. Der Anleger kann keine Verlustzuweisungen geltend machen, profitiert aber von den teilweise steuerfrei-

en Ausschüttungen, die durch Abschreibungen im Fonds erwirtschaftet werden.

4.2. Lebens- und Rentenversicherung

4.2.1. Kapitalbildende Lebensversicherung

Die beliebteste Form der Lebensversicherung zeichnet sich dadurch aus, daß sie sowohl bei Tod als auch bei Erreichen eines zuvor festgelegten Alters die vertraglich vereinbarte Versicherungssumme plus angesammelter Überschußanteile auszahlt. Der besondere Reiz liegt in der steuerfreien Auszahlung, nach einer Mindestlaufzeit von 12 Jahren. Die garantierte Mindestrendite liegt z. Zt. bei nur 4 %, da gemäß § 54a Versicherungsaufsichtsgesetz die Gelder sicherheitsorientiert angelegt werden.

4.2.2. Fondsgebundene Lebensversicherung

Das Sparkapital wird in einem Investmentfonds investiert. Die Auszahlung ist ebenfalls nach der Mindestlaufzeit von 12 Jahren steuerfrei, was gegenüber einer Direktanlage in einem Aktien- oder Rentenfonds ein Pluspunkt ist.

4.2.3. Rentenversicherung

Das direkte Pendant zur gesetzlichen Rente beinhaltet im Gegensatz zur klassischen Lebensversicherung keinen Hinterbliebenenschutz. Die Verzinsung liegt auch hier bei mindestens 4 %. Nach 12 Jahren Laufzeit ist die Kapitalabfindung (noch) steuerfrei. Die Renten hingegen müssen versteuert werden, aber, wie die gesetzliche Rente, nur mit ihrem Ertragsanteil.[9]

4.3. Anlagen bei Banken

„Die Engländer spekulieren – die Deutschen sparen"

titelte ein Wirtschaftsmagazin.

Sparbücher, Sparverträge mit und ohne Versicherungsschutz, Vorsorgepläne, Sparbriefe ...
Die Möglichkeiten sind vielfältig. Ohne Risiko, dafür mit begrenzten Ertragschancen, wird Vermögen bequem angespart. Staatliche Förderungen auf Banksparverträge zur Altersvorsorge sind nicht zu erwarten.

4.4. Direktanlagen

Die individuelle Gestaltung ist die sicherlich beste Form der Altersvorsorge. Allerdings ist hierzu ein hohes Maß an Disziplin und Knowhow erforderlich. Die Vorteile liegen in der Flexibilität:

- bei der Auswahl der Anlageformen;
- bei der Auswahl der Anbieter;
- bei der Bestimmung von Zeitpunkt und Größenordnung des jeweiligen Kapitaleinsatzes;
- bei der Gestaltung der Rückflüsse und sonstigen Verfügungsmöglichkeiten.

Die Möglichkeit, rasch auf Änderungen im privaten oder gesellschaftlichen Umfeld reagieren zu können, und die größere Transparenz bei Renditen und Laufzeiten sind wohl die Hauptgründe für diese Form der Altersvorsorge. Die genannten Vorteile kehren sich allerdings schnell ins Gegenteil, wenn z. B. aufgrund der Angebotsvielfalt die Übersicht verloren geht oder gesetzliche Änderungen nicht rechtzeitig erkannt und umgesetzt werden. Auch die ohnehin schon magere Förderung einiger Vorsorgepläne entfällt bei der individuellen Anlage.

4.5. Investmentfonds

Viele der eben dargestellten Vorteile bieten auch die Investmentfonds. Darüber hinaus ist die Flexibilität bei den Einzahlungen gegeben, die durch abnehmende Arbeitsplatzsicherheit und die zunehmende Bedeutung von Teilzeit- und Auftragsarbeit notwendig wird[10]. Investmentfonds wurden ursprünglich für Kleinanleger kreiert, um auch ihnen eine Anlage in Wertpapiere unter dem Gesichtspunkt der Risikostreuung zu ermöglichen. Die „Kapitalsammelstellen" erfreuen sich in Deutschland zunehmender Beliebtheit. Mit unterschiedlichsten Strategien, vom traditionellen Rentenfonds bis zum Emerging-Market-Fonds, haben deutsche Anleger derzeit ca. 2000 Investmentfonds zur Auswahl. So vielfältig wie die Fondspalette sind auch die Modalitäten. Viele Fondsgesellschaften bieten den Kauf der Anteile in Anlagekonten an. Sie sind für den Aufbau der Altersvorsorge hervorragend geeignet, da Einzahlungen (und Entnahmen) jederzeit – aber auch regelmäßig in Form von Ansparplänen – möglich sind. Fonds, insbesondere solche mit hohem Aktienanteil, haben in der Vergangenheit beträchtliche (Nachsteuer-) Renditen erzielt. Die Erträge sind Einkünfte aus Kapitalvermögen und als solche zinsabschlagsteuerpflichtig. Dies betrifft auch thesaurierende Fonds. Staatlich gefördert wird die Investition in Fonds, sofern der Aktienanteil mind. 70 % beträgt. (Anhang 1)

4.5.1. Das Fondsangebot

Die schon genannten **Rentenfonds** halten z. Zt. rd. 125 Mrd. DM und somit den größten Anteil der deutschen Fondsgelder. Die **nationalen Rentenfonds,** bestehend aus festverzinslichen, inländischen Wertpapieren, gelten als „sicherste" Fondsform und werden daher gerade für die Altersvorsorge bevorzugt. Der Anteil an Fremdwährungsanleihen international anlegender Rentenfonds ist von Fonds zu Fonds sehr verschieden. Den Chancen, höhere Renditen durch Währungsgewinne und Zinsspreads zu erzielen, stehen Währungs- und Länderrisiken gegenüber. Spätestens seit der Telekom-Emission sind die Deutschen auf den „Aktiengeschmack“ gekommen. Die Märkte boomen, und wer möchte da nicht teilhaben? Knapp 100 Mrd. DM lagen Ende 1997 in **Aktienfonds,** eine Verdreifachung, verglichen mit dem Volumen von 1990. Die Auswahl ist beträchtlich. Der Anleger kann zwischen Länderfonds, Branchenfonds, Fonds nach Wirtschaftsregionen etc. wählen. Für die Altersvorsorge ist nach Ansicht vieler Experten eine Mischung aus Renten- und Aktienfonds sinnvoll. Die Manager von **Mischfonds** können je nach Marktsituation reagieren. Diese seit Jahren etablierte Fondsform gilt als Vorläufer der Vorsorgemodelle.

4.5.2. Vorsorgemodelle

Investmentgesellschaften bieten inzwischen Vorsorgemodelle nach folgendem Muster an:

- Aufbau eines Grundstockes in Aktien durch regelmäßige Ansparung (z. B. monatlich DM 100) in Aktienfonds.
- Einige Jahre vor Ablauf des Vertrages sukzessive Umschichtung in festverzinsliche Wertpapiere zur Sicherung der Erträge.
- Letztlich verdiente Entnahme durch Auszahlplan zur „Versüßung“ des Lebensabends.

So bietet die **Union Investment** mit dem Konzept „Quattro:Vorsorge“ die Möglichkeit, während der Ansparphase wahlweise mit deutschen, europäischen oder internationalen Aktien (UniFonds, UniEuropa, UniGlobal) Vermögen aufzubauen. Die „Umschichtungsautomatik“ bewirkt eine Sicherung des Sparvermögens in Renten- oder Geldmarktfonds. (Anhang 3) Kein weiter Schritt zu den Altersvorsorge-Sondervermögen, die künftig durch das dritte Finanzmarktförderungsgesetz ermöglicht werden.

4.6. Altersvorsorgefonds

Mit Inkrafttreten des dritten Finanzmarktförderungsgesetzes am 01.04.1998 ist die Grundlage für künftige Pensionsfonds mit der

Zulassung von **Altersvorsorge-Sondervermögen** gelegt (siehe Pkt. 3.4.) Nach der Zustimmung des Bundesaufsichtsamtes für das Kreditwesen Mitte des Jahres werden ca. 170 neue Fonds, davon ca. 76 AS, an den Markt kommen. Fonds bildeten bisher immer bestimmte Anlageschwerpunkte, Märkte, Branchen etc. ab. Der Anleger hatte die Wahl. Die Kreation zielgerichteter Fonds zur Erreichung eines „Lebenszieles" wie der Altersvorsorge ist neu in Deutschland. Die Modalitäten sind der Zielsetzung angepaßt. So sind nur thesaurierende Fonds zugelassen. Eine Ertragsausschüttung würde im Widerspruch zum Ziel der Altersvorsorge stehen. Für eine höhere Wertstabilität soll die erstmalige Einbeziehung von Immobilien sorgen. Um neben der Einmalanlage auch die kontinuierliche Besparung zu fördern, sind die Fondsgesellschaften verpflichtet, sowohl Sparpläne als auch Auszahlpläne nach folgenden Regeln anzubieten:

Ansparpläne:
- Mindestlaufzeit 18 Jahre bzw. Vollendung des 60. Lebensjahres.
- Sparbeiträge sind regelmäßig zu leisten.
- Die Kündigungsfrist beträgt drei Monate jeweils zum Quartalsende. In Notfällen ist die Verkürzung auf einen Monat möglich.
- In den Verkaufsprospekten muß ausdrücklich darauf hingewiesen werden, daß keine Verpflichtung zur Auszahlung eines bestimmten Betrages besteht.

Auszahlpläne:
- Überweisung eines monatlich festen Betrages oder
- lediglich Überweisung der Erträge, um das Kapital zu erhalten.

Vorgaben hat der Gesetzgeber auch bei den Anlageinhalten gemacht: (Angaben jeweils in Prozent des Fondsvermögens)

• Substanzwerte (Aktien, Immobilien, stille Beteiligungen)		mind. 51 %
aber		
• Aktien	mind. 21 %	max. 75 %
• offene Immobilienfonds		max. 30 %

- stille Beteiligungen max. 10 %
- Währungsanlagen max. 30 %
- Derivate dürfen nur zu Absicherungszwecken eingesetzt werden.[11]

Direkte Steuervorteile, wie sie bei den echten Pensionsfonds angedacht werden, sind leider zur Zeit nicht vorgesehen. Möchte der Anleger zum Ende der Sparphase seine Erträge sichern und zu diesem Zweck seine Aktienfondsanteile zugunsten risikoärmerer Anleihe- und Immobilienfonds ändern, ist dies kostenlos möglich. (Siehe dazu auch das Beispiel im Kapitel „Vorsorgemodelle".)

Schlußbemerkung

Trotz aller anerkannten Vorteile, die das deutsche Rentensystem im Grunde bot, hat es sich zunehmend als nicht mehr finanzierbar erwiesen. Daraus begründet sich der Handlungsbedarf, die Rente durch private Vorsorge zu ergänzen.
Die vorgestellten Anlageformen sind in ihrer Vielfalt bemerkenswert, zugleich aber zunehmend schwerer zu überschauen. Ohne professionelle Beratung wird es in Zukunft kaum möglich sein, eine individuelle und optimale Vorsorgestrategie für die Zeit nach dem aktiven Erwerbsleben zu entwickeln.

Fußnoten

1 Börsenzeitung v. 4. März 1998.
2 Ausschnitt aus dem Buch „Geldanlage und Steuer '96 v. Lindmayer, Verlag Gabler, Wiesbaden.
3 Vorsorgeblock/BVR Bonn.
4 Handelsblatt sm/pt Bonn v. 26. März 98.
5 Vorsorgeblock/BVR.
6 Zeitschrift „Capital" 3/98.
7 Zeitschrift „Capital" 1/98.
8 Zeitschrift „Capital" 1/98.
9 Handelsblatt Redaktion „Versorgung im Alter": R. Lansch, P. Thelen, 5. Jänner 98.
10 Zeitschrift „Finanz und Wirtschaft" v. 8. Jänner 1997.
11 Die Information wurde von der UNION Investment GmbH zur Verfügung gestellt.

Staatliche Sparförderung – Anlageformen des 5. Vermögensbildungsgesetzes –

Anlagehöchstbetrag 936 DM je Kalenderjahr			Anlagehöchstbetrag 624 DM je Kalenderjahr	
Arbeitnehmer-Sparzulage 10%			keine Arbeitnehmer-Sparzulage	
Sparverträge über Wertpapiere oder andere Vermögensbeteiligungen		Aufwendungen zur Förderung des Wohnungsbaus**)	Spareinlagen und Wertpapiere, die keine Vermögensbeteiligungen sind	Kapitalversicherungen auf den Erlebens- und Todesfall
Wertpapiere	Andere Beteiligungsformen			
– Aktien – Wandelschuldverschreibungen – Gewinnschuldverschreibungen (nicht von Kreditinstituten) – Anteile an Aktienfonds mit mind. 70% Aktienanteil – Anteil an Beteiligungs-Sondervermögen mit Anteil an Aktien und stillen Beteiligungen von mind. 70% – Mitarbeiter-Genußrechte*) und börsenotierte Genußscheine von Nicht-Kreditinstituten	– Genossenschaftsanteile an inländischen Genossenschaften – GmbH-Anteile an inländischen Gesellschaften – Stille Beteiligung am Unternehmen des Arbeitgebers mit Gewinnanteil – Mitarbeiter-Darlehen – Unverbriefte Genußrechte mit Gewinnanteilsrecht am Unternehmen des Arbeitgebers	– Aufwendungen nach den Vorschriften des Wohnungsbau-Prämiengesetzes • Bausparvertrag • Ersterwerb von Anteilen an Bau- und- und Wohnungsgenossenschaften • Wohnbau-Sparvertrag mit einem Kreditinstitut • Kapitalansammlungsvertrag mit einem Wohnungs- oder Siedlungsunternehmen – unmittelbar wohnwirtschaftl. Aufwendungen • zum Bau, Erwerb, Ausbau oder Erweiterung von Wohngebäuden • zum Erwerb eines Dauerwohnrechts • zur Erfüllung von Verpflichtungen aus genannten Maßnahmen	– Einmalanlage auf einem VL-Sparvertrag – Anlage auf einem VL-Rentensparvertrag – Schuldverschreibungen der öffentlichen Hand und anderer inländischer Unternehmen – Anteile an Rentenfonds – Genußscheine von Kreditinstituten*) mit Gewinnanteilsrecht	

*) bei Erwerb durch Arbeitnehmer der emittierenden Institute liegt eine Vermögensbeteiligung mit 10% Arbeitnehmer-Sparzulage vor.

**) Bausparzuwendungen sind bis zu einem Höchstbetrag von 800 DM; ab 1996 1.000 DM, bei Ehegatten bis zu 1.600 DM; ab 1996 2.000 DM je Kalenderjahr prämienbegünstigt.
Es gilt das „Doppelbegünstigungsverbot": Soweit die Höchstbeträge durch vermögenswirksame Leistungen, für die Arbeitnehmer-Sparzulage gewährt wird, ausgeschöpft werden, besteht kein Anspruch auf Wohnungsbauprämie. Die optimale Ausnutzung der staatlichen Sparförderung wird erreicht durch „private" Bausparbeiträge im Rahmen der Höchstbeträge 800 DM/1.600 DM; ab 1996 1.000/2.000 DM, mit 10% Wohnungsbauprämie und über die Höchstbeträge hinaus durch vermögenswirksame Leistungen von 936 DM je Arbeitnehmer, begünstigt durch 10% Arbeitnehmer-Sparzulage.

Quelle: Lindmayer, Karl: „Geldanlage und Steuer", Wiesbaden: Gabler, 1996, S. 57.

Altersvorsorge im internationalen Vergleich

Land	Rentenniveau des staatlichen Sozialsystems[1]	Vermögen der Pensionsfonds[2)]		Aktienanteil der Pensionsfondsvermögen[3)] in %
		in Mrd. $	in % des BIP	
Deutschland	53	140	5,8	11
Groß-britannien	33	879	79,9	80
USA	43	4.258	61,0	52
Frankreich	69	74	4,8	k. A.
Niederlande	33	327	82,4	30

[1)] max. Rente eines Durchschnittsverdieners in v. H. der durchschnittl. Bruttolöhne, 1993; [2)] 1995, für D Pensionskassen und rückgedeckte Unterstützungskassen; [3)] 1994; Quelle: Deutsche Bank Research

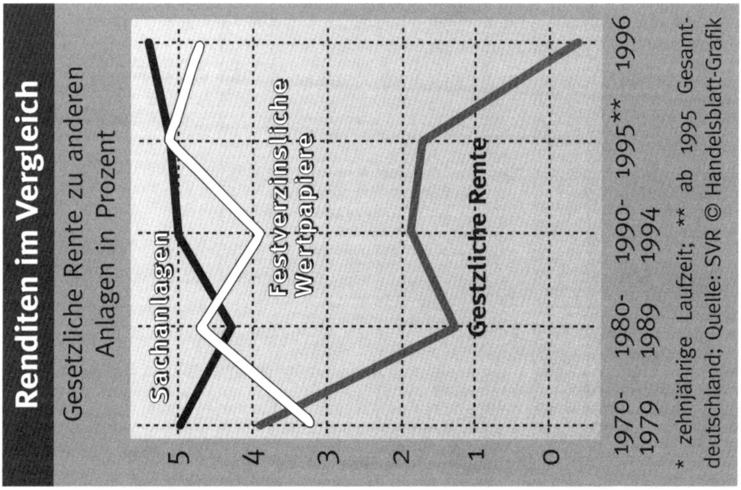

Anhang 3

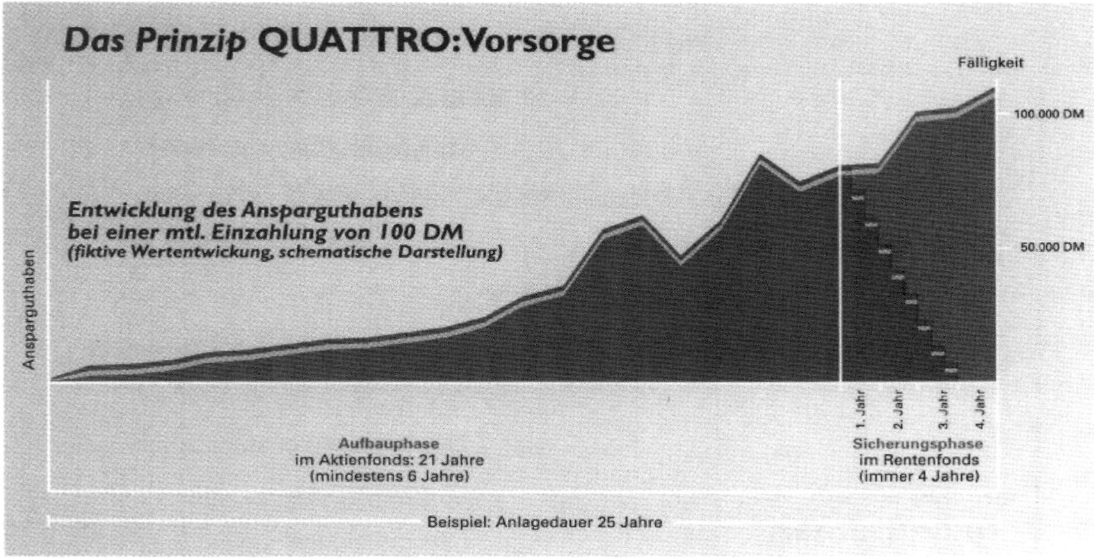

Aufbauen und sichern:

QUATTRO:Vorsorge kombiniert die Dynamik von Aktienfonds mit der Stabilität von Rentenfonds

Anhang 4

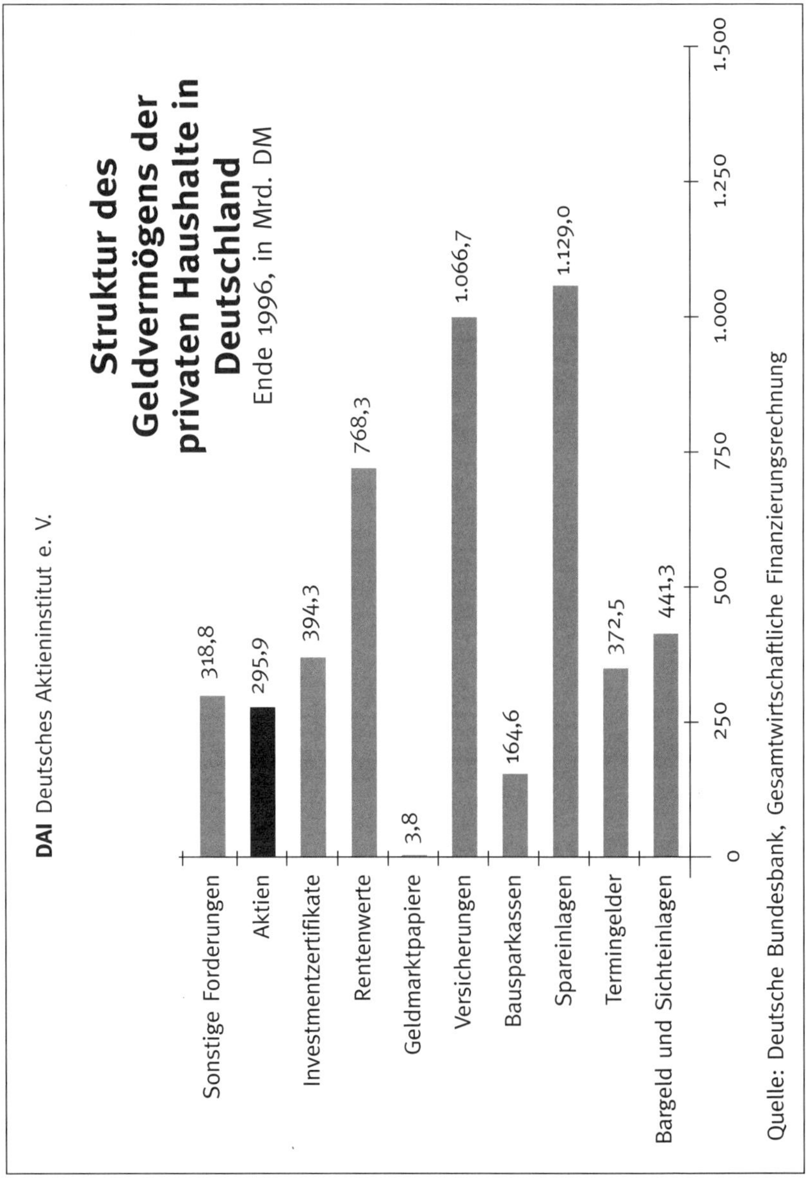
DAI Deutsches Aktieninstitut e. V.
Struktur des Geldvermögens der privaten Haushalte in Deutschland
Ende 1996, in Mrd. DM
Sonstige Forderungen
318,8
Aktien
295,9
Investmentzertifikate
394,3
Rentenwerte
768,3
Geldmarktpapiere
3,8
Versicherungen
1.066,7
Bausparkassen
164,6
Spareinlagen
1.129,0
Termingelder
372,5
Bargeld und Sichteinlagen
441,3
0
250
500
750
1.000
1.250
1.500
Quelle: Deutsche Bundesbank, Gesamtwirtschaftliche Finanzierungsrechnung

Anhang 5

DAI Deutsches Aktieninstitut e. V.

Haushalte mit Besitz verschiedener Geldanlagen in Deutschland

Anteil der Haushalte mit Besitz von ... in %

	Aktien	Festverzinsliche Wertpapiere	Investment-Zertifikate	Anlagen nach 624 /936 DM-Gesetz	Lebens-versicherungen	Bauspar-verträge	Sparbriefe
1975	8,2	11,6	3,4	65,2	67,9	38,6	k. A.
1976	8,2	11,9	3,2	57,4	66,9	40,2	k. A.
1978	6,2	9,0	2,6		55,1	35,6	9,8
1980	6,5	10,4	2,6	44,3	57,6	31,8	10,8
1981	7,3	12,8	2,6	47,6	k. A.	37,4	12,3
1982	6,7	10,3	1,9	44,9	58,5	34,5	11,7
1983	6,6	10,2	2,1	41,4	69,3	35,3	11,8
1984	7,2	11,7	2,6	39,0	69,6	33,5	13,0
1985	7,3	10,5	2,7	40,6	60,2	36,8	13,8
1989	9,0	13,0	4,0	47,0	64,0	23,0	12,0
1995	6,8	11,7	6,4	k. A.	70,4	30,3	13,8

Quelle: Spiegel-Dokumentation Soll und Haben, versch. Ausgaben

DAI Deutsches Aktieninstitut e. V.

Geldvermögensbildung der privaten Haushalte seit 1990

Bestand am Jahresende in Mrd. DM

	Bargeld und Sicht-einlagen	Termin-gelder	Spar-einlagen	Bau-sparkassen	Versiche-rungen	Geldmarkt-papiere	Rentenwerte	Investment-zertifikate	Aktien	Sonstige Forderungen	Insgesamt
1990	276,9	396,5	743,7	125,7	646,6	10,8	440,2	132,9	174,3	239,5	3.187,1
1991	293,4	459,2	743,5	132,1	698,5	11,3	526,7	163,6	182,0	257,1	3.467,4
1992	334,4	505,4	761,0	138,7	759,3	14,2	542,6	212,7	174,7	279,8	3.722,8
1993	368,6	528,1	850,2	145,5	828,5	12,8	570,8	265,8	227,8	301,0	4.099,1
1994	384,9	463,5	930,6	151,6	903,2	7,8	612,1	323,5	225,4	297,2	4.299,8
1995	408,7	416,8	1.033,7	155,1	982,6	4,1	743,1	353,9	251,5	307,6	4.657,1
1996	441,3	372,5	1.129,0	164,6	1.066,7	3,8	768,3	394,3	295,9	318,8	4.955,2

Anteile einzelner Anlageformen in % des gesamten Geldvermögens

	Bargeld und Sicht-einlagen	Termin-gelder	Spar-einlagen	Bau-sparkassen	Versiche-rungen	Geldmarkt-papiere	Rentenwerte	Investment-zertifikate	Aktien	Sonstige Forderungen	Insgesamt
1990	8,69	12,44	23,33	3,94	20,29	0,34	13,81	4,17	5,47	7,51	100,0
1991	8,46	13,24	21,44	3,81	20,14	0,33	15,19	4,72	5,25	7,41	100,0
1992	8,98	13,58	20,44	3,73	20,40	0,38	14,58	5,71	4,69	7,52	100,0
1993	8,99	12,88	20,74	3,55	20,21	0,31	13,93	6,48	5,56	7,34	100,0
1994	8,95	10,78	21,64	3,53	21,01	0,18	14,24	7,52	5,24	6,91	100,0
1995	8,78	8,95	22,20	3,33	21,10	0,09	15,96	7,60	5,40	6,60	100,0
1996	8,91	7,52	22,78	3,32	21,53	0,08	15,50	7,96	5,97	6,43	100,0

Quelle: Deutsche Bundesbank, Ergebnisse der gesamtwirtschaftlichen Finanzierungsrechnung für Westdeutschland 1990 – 1996; eigene Berechnungen

Anhang 7

DAI Deutsches Aktieninstitut e. V.

Geldvermögensbildung der privaten Haushalte seit 1991

Geldvermögensbildung in Mrd. DM

	Bargeld und Sicht-einlagen	Termin-gelder	Spar-einlagen	Geldanlagen bei Bau-sparkassen	Geldanlagen bei Versiche-rungen	Erwerb von Geldmarkt-papieren	Erwerb von Renten-werten	Erwerb von Investment-zertifikaten	Erwerb von Aktien	Sonstige Forderungen	Insgesamt
1991	14,2	62,7	1,8	6,4	52,0	0,5	66,0	27,0	0,5	17,0	248,1
1992	41,7	46,3	16,9	6,6	60,3	3,1	9,0	53,7	–3,9	23,2	257,8
1993	35,1	22,6	88,9	6,8	69,6	–0,9	–24,3	36,3	–13,4	23,3	244,0
1994	15,7	–64,4	80,6	6,2	74,6	–5,0	43,3	70,0	2,0	4,7	227,7
1995	23,6	–46,4	103,1	3,4	86,0	–3,7	43,6	20,4	–3,4	8,9	235,5
1996	33,5	–40,4	95,3	9,5	86,8	–0,3	14,1	23,1	10,5	9,3	241,2

Geldvermögensbildung in % der gesamten Geldvermögensbildung

	Bargeld und Sicht-einlagen	Termin-gelder	Spar-einlagen	Geldanlagen bei Bau-sparkassen	Geldanlagen bei Versiche-rungen	Erwerb von Geldmarkt-papieren	Erwerb von Renten-werten	Erwerb von Investment-zertifikaten	Erwerb von Aktien	Sonstige Forderungen	Insgesamt
1991	5,72	25,28	0,73	2,56	20,94	0,21	26,62	10,88	0,20	6,86	100,0
1992	16,19	17,95	6,55	2,57	23,40	1,21	3,82	20,81	–1,52	9,01	100,0
1993	14,39	9,27	36,43	2,78	28,54	–0,37	–9,95	14,87	–5,49	9,54	100,c
1994	6,91	–28,27	35,38	2,71	32,76	–2,18	19,00	30,74	0,88	2,08	100,0
1995	10,02	–19,71	43,78	1,46	36,51	–1,55	18,49	8,65	–1,44	3,77	100,0
1996	13,89	–16,75	39,49	3,93	35,97	–0,14	5,84	9,57	4,35	3,84	100,0

Quelle: Deutsche Bundesbank, Ergebnisse der gesamtwirtschaftlichen Finanzierungsrechnung für Westdeutschland 1990 – 1996; eigene Berechnungen

Private Vorsorge im internationalen Vergleich

Wolfgang Layr

In Österreich und auch in Deutschland ist private Vorsorge sowohl in der Bevölkerung als auch in politischen Kreisen erst in jüngster Vergangenheit zu einem vieldiskutierten Thema geworden. Noch vor zehn Jahren hätte ein Großteil der Bevölkerung gesagt, die staatliche Pension reiche leicht aus. Politiker konnten auch später noch ungestraft sagen, daß die staatliche Pension sicher sei und dabei vergessen, hinzuzufügen, daß sie natürlich nicht in der heutigen Höhe sicher ist.

Warum ist eigentlich der Markt für private Vorsorge in Mitteleuropa derartig unterentwickelt? Der wesentliche Grund ist der Beginnzeitpunkt unserer Pensionssysteme kurz nach dem Zweiten Weltkrieg. Das wenige vorhandene Kapital wurde sinnvollerweise lieber für den Wiederaufbau als die Dotierung von Pensionsfonds verwendet. Außerdem standen relativ vielen Leuten im erwerbsfähigen Alter aufgrund der langen Arbeitszeit nur relativ wenige Pensionisten gegenüber. Als der Wiederaufbau schon beendet war, wollte man seinen Lebensstandard verbessern und nicht an private Altersvorsorge denken. Überdies meinte man, das Wirtschaftswunder werde die Finanzierung leicht ermöglichen. Leider verharrte der Großteil der Bevölkerung in diesem Glauben auch noch, als das Wirtschaftswunder schon vorbei und die Unfinanzierbarkeit der staatlichen Pension absehbar war.

Die Gründe für die Probleme der staatlichen Pension sind heute bekannt

1. **Bevölkerungspyramide**
   Die Lebenserwartung steigt, gleichzeitig geht man früher in Pension.

2. **Bevölkerungswachstum**
   Der Trend zu kleineren Familien führt dazu, daß immer weniger Leute sich im erwerbsfähigen Alter befinden.

3. **Staatsverschuldung**
   Das Defizit, das bei einem Umlageverfahren deshalb entstand, konnte und wollte der Staatshaushalt nur so lange abdecken, bis der Druck aus anderen Budgetbereichen zu groß wurde. Auch die Konvergenzkriterien im Hinblick auf den Euro führten zu Überlegungen, wie man den Defizitfaktor Pensionssystem verkleinern könnte.

4. **Wirtschaftswachstum**
   Das Abflauen des Wirtschaftswachstums nach dem Ende der Boomjahre reduzierte die Chance starker Steuererhöhungen, so daß die Abdeckung des Pensionsdefizits für den Staat noch schmerzlicher wurde.

5. **Verwaltungsaufwand**
   Mit der Größe des staatlichen Pensionssystems stiegen auch die für die Administration anfallenden Kosten, nicht zuletzt, weil der Konkurrenzdruck fehlte.

Wie schlimm die Lage der staatlichen Pensionssysteme ist, läßt sich an einer relativ anschaulichen Überlegung nachvollziehen: In wenigen Jahrzehnten wird die Zahl der Berufstätigen gleich groß sein wie die der Pensionisten. Wenn man nun das Pensionssystem nicht ändert, dann stehen einem Pensionisten über 60 % seines Aktiveinkommens zu. Jeder Berufstätige müßte demnach etwa 60 % seines Einkommens in das staatliche Umlagesystem einzahlen, damit dieses ohne Zuschuß aus dem Staatshaushalt auskommen kann.

Die Schwere des Problems führte in den letzten Jahren zu einer heftigen Diskussion über mögliche Lösungen. Radikale einseitige Lösungsversuche wie eine massive Zuwanderung von Leuten im erwerbsfähigen Alter, eine radikale Kürzung der bestehenden Pensionen, eine Erhöhung des Pensionsalters auf über 70 Jahre, eine massive Anhebung der Beitragszahlungen oder die schlagartige Umstellung auf ein Fondssystem statt einem Umlageverfahren müssen aus rechtlichen oder praktischen Gründen verworfen werden. Von staatlicher Seite aus wird eine Mischung aus Maßnahmen getroffen werden, um das durch den Staat abzudeckende Pensionsdefizit zu reduzieren. Die Beiträge und die Steuern werden kontinuierlich erhöht, das Pensionsalter wird nach oben gedrückt, die Pensionen sinken real in kleinen Schritten und die Sozialleistungen, besonders solche, die ältere Menschen vorrangig in Anspruch nehmen, werden gekürzt. Auch andere Staaten, die ihr Pensionssystem sanieren, benutzten und benutzen diese Vorgangsweise. Erstaunlich ist in diesem Zusammenhang, daß ein Großteil der Bevölkerung vorerst beruhigt ist, wenn der Staat sich auf eine derartige Reform festgelegt hat. Man vergißt dabei, daß der Staat bei diesen Reformen nicht überlegt, wie er das Pensionsniveau auf einem unrealistisch hohen Stand halten könnte, sondern wie er seinen Zuschuß in dieses System reduzieren kann. Dies wird erreicht, wenn entweder mehr Geld durch Steuern oder Beiträge in das System hineinfließt oder aufgrund geringerer Pensionszahlungen weniger herausfließt oder beides. Diese Maßnahmen haben für den Großteil der Bevölkerung nämlich kurzfristig nur einen Effekt: ein Sinken des realen Lebensstandards und die Aussicht auf weitere Senkungen der Lebensqualität im Alter. Man kann auf diese Entwicklung zweifach reagieren, einerseits, indem man sich damit abfindet, im Alter bescheidener leben zu müssen, andererseits, indem man privat vorsorgt, auch wenn dies einen gewissen Konsumverzicht in der Gegenwart notwendig macht. Für die meisten Österreicher stellt dieses Problem eine große Herausforderung dar, weil man für die Lösung nicht auf Modelle früherer Generationen zurückgreifen kann, da diese das Problem nicht hatten lösen müssen. Wenn man nun seine private Vorsorge plant, kann man sich Erfahrungen vor allem in jenen ausländischen Staaten holen, wo die private Vorsorge schon lange eine große Bedeutung besitzt. Den größten Erfahrungsschatz bietet auf jeden Fall der amerikanische Markt, wo über 50 % der Altersversorgung aus privaten Vorsorgequellen stammen. Übrigens nutzen natürlich auch die mitteleuropäischen Staaten die selben Informationsquellen, wenn sie Modelle suchen, wie sie die Bevölkerung ihrer Länder, etwa durch steuerliche Maßnahmen, zur privaten

Vorsorge motivieren können. Diese Förderungen des Staates sind durchaus nicht uneigennützig. Denn wer heute nicht privat vorsorgt, wird sehr wahrscheinlich in einigen Jahrzehnten zu wenig staatliche Pension erhalten und zu einem vom Staat zu unterstützenden Sozialfall werden.

In der Folge sollen einige Erfahrungen aus dem Ausland dargestellt werden, einerseits, um die Erfahrungen der Bevölkerung in Ländern mit einer langen Historie der privaten Vorsorge kennenzulernen, andererseits, um sich mit staatlichen Fördermodellen in diesen Staaten auseinanderzusetzen, da ähnliche Maßnahmen in den nächsten Jahren auch in Mitteleuropa stark an Bedeutung gewinnen werden.

1. Faktoren bei der Wahl der privaten Vorsorge

a. Versorgungslücke

Die Differenz zwischen dem Betrag, den man zur Erhaltung des in der Pensionszeit gewünschten Lebensstandards benötigt, und dem, den man aus der staatlichen Vorsorge zu erwarten hat, ist die sogenannte Pensionslücke. Man muß also privat genug vorsorgen, um im Alter diesen Betrag zu Verfügung zu haben. Wieviel man wie lange ansparen muß, um diesen Betrag zu erreichen, ist eine rein mathematische Frage, bei der die erwartete Rendite die einzige wirkliche Unsicherheit darstellt, weil sie angenommen werden muß. An dieser Stelle interessiert uns aber viel mehr die Frage, wie man den Betrag ermittelt, der für eine Erhaltung des Lebensstandards notwendig ist. Denn es ändern sich über einen langen Zeitraum ja nicht nur die Preise von Produkten und Leistungen, sondern auch die persönlichen Ansprüche. In der Praxis ist es sogar der Normalfall, daß sich der Lebensstandard im Altersverlauf ändert. Es ist zwar keine befriedigende Information, aber der gewünschte Lebensstandard ist zu individuell und persönlich, als daß man daraus eine allgemeingültige Regel ableiten könnte.

Eine gute Hilfestellung könnte aber eine in den USA durchgeführte Umfrage geben. Man hat dort nämlich Leute in den letzten 15 Jahren vor Pensionsantritt gefragt, wieviel ihres Aktiveinkommens sie nach ihren eigenen Einschätzungen benötigen werden, um den von ihnen gewünschten Lebensstandard zu erhalten. Der Großteil der befragten Amerikaner meinte, daß rund 50 % des Aktiveinkommens ausreichen würden. Im Rahmen derselben Studie befragte man Amerikaner in den ersten 15 Jahren nach Pensionsantritt, wieviel sie tatsächlich benötigen, um den erwünschten Lebensstandard zu erreichen. Der Durchschnitt lag dabei über 70 % des Aktiveinkommens. Man sieht also, daß der Großteil der Bevölkerung den Vorsorgebedarf deutlich zu niedrig ansetzt. Auch wenn die Einschätzung der erwünschten Höhe sehr individuell geschehen wird, so läßt sich aus dieser Erfahrung der Rat ableiten, daß man bei seiner privaten Vorsorgeplanung nicht zu knapp kalkulieren, sondern gewisse Reserven einbauen soll.

b. Sicherheit der Familie

Es ist natürlich ein Unterschied, ob man nur für sich selbst vorsorgt oder auch seine Angehörigen absichern will. In den meisten Ländern mit privater Vorsorge wird für die eigene Altersversorgung die Veranlagung in Wertpapieren bevorzugt, für die Absicherung der Angehörigen werden zusätzlich Risikoversicherungen abgeschlossen.

c. Alter

Es ist klar, daß ein früher Beginn aufgrund des Zinseszinseffektes kleinere Beträge zur Erreichung eines bestimmten Zieles erfordert. In den meisten Ländern mit einem großen Anteil an privater Vorsorge wird deshalb schon sehr früh, in der Regel lange vor dem 30. Lebensjahr, mit der Altersvorsorge begonnen. In der Regel ist in den ersten Jahren der Aktienanteil sehr hoch. Früher begann man schon viele Jahre vor Antritt der Pension mit der Umschichtung in festverzinsliche Wertpapiere, weil man wegen der nahenden Auszahlungsphase keine Kursschwankungen mehr in Kauf nehmen wollte. In den letzten Jahren hat aber hier ein Umdenken stattgefunden, weil aufgrund der stark gestiegenen Lebenserwartung auch noch im höheren Lebensalter das Anstreben eines weiteren Vermögenszuwachses durch Aktien sinnvoll sein kann.

d. Vermögen

Natürlich ist der Aufbau einer privaten Vorsorge leichter, wenn man schon mit einem gewissen Vermögen beginnt. Man darf dies aber nicht als Anlaß für eine gewisse Sorglosigkeit sehen, da mit dem Vermögen in der Regel auch der erwartete Lebensstandard steigt.

e. Risikofreudigkeit

Bekanntlich legen etwa die Briten und die Amerikaner einen Großteil ihrer privaten Vorsorge in Aktien an. Langfristige Studien bestätigen auch, daß dieses Verhalten sehr viel Sinn macht, weil Aktien langfristig die höchsten Erträge versprechen. Warum sollte man dennoch nicht jedem Mitteleuropäer empfehlen, sein ganzes Vorsorgevermögen schlagartig in Aktien umzuschichten? Die Mehrheit der Anleger ist bei uns nämlich eher risikoscheu und würde bei der ersten kräftigen Korrektur an den Aktienmärkten sehr nervös werden. Im schlimmsten Fall würden einige panikartig ihre Aktien verkaufen und damit ihre ganze langfristige Vorsorgeplanung zerstören. Deshalb sind in Mitteleuropa gemischte Anlagen aus Aktien und Anleihen oder der langsame Aufbau eines Aktienfondsdepots im Rahmen eines Sparplans empfehlenswert.

f. Vererbung

Wichtig bei der Planung der Vorsorge ist auch, ob man das Ziel hat, den Nachkommen möglichst viel zu vererben oder ob man möglichst gut leben will, auch wenn dies für die Erben eine starke Verminderung der zu erwartenden Mittel bedeutet.

2. Die Situation der privaten Vorsorge an einigen Beispielen

a. USA

In den USA, wo die staatliche Pension im Verhältnis zum Aktiveinkommen nur halb so hoch ist wie in Mitteleuropa, hat sich schon seit langer Zeit ein riesiger Vorsorgemarkt entwickelt. Dennoch gab es auch in Amerika noch in jüngster Vergangenheit beträchtliche Wachstumsraten, weil sogar dort die Veränderung der Bevölkerungspyramide zusätzliche Anforderungen an die private Initiative setzte.

Da die staatliche Sozialversicherung 1935 nicht als Ersatz für betriebliche oder private Versorgung, sondern ausschließlich als letztes Auffangnetz gegründet wurde, ist das System in der heutigen Form auch in Zukunft noch durchaus finanzierbar. Die staatliche Pension liegt in Amerika im Durchschnitt deutlich unter 10.000 Schilling, also in Nähe der in Mitteleuropa üblichen Mindestpensionen. Die Tatsache, daß sogar in den USA leichte reale Kürzungen zu erwarten sind, läßt erahnen, wie massive Leistungsverringerungen der staatlichen Versorgung bei uns zu erwarten sind.

Die Anlage in Wertpapieren für die langfristige Geldanlage hatte in den USA schon immer eine größere Bedeutung als bei uns. Trotzdem hat sich der Anteil der Wertpapiere am privaten Vorsorgevermögen der Amerikaner auch in den letzten Jahren noch deutlich ausgeweitet. Fast das ganze Wachstum entfiel auf die Investmentfonds, die heute schon rund 45 % des gesamten langfristigen Vorsorgemarktes darstellen. Dies ist besonders überraschend, weil in Amerika Kursgewinne auf Aktien auch nach vielen Jahren besteuert werden. Die Amerikaner haben aber erkannt, daß Wertpapiere trotz dieser gegenüber Mitteleuropa ungünstigen steuerlichen Behandlung die ideale langfristige Anlageform darstellen.

Rund ein Drittel der für die langfristige Vorsorge geplanten Mittel liegt in betrieblichen oder privaten Vorsorgeplänen, die vom Staat gefördert werden. Im betrieblichen Bereich heißen sie 401 k-Pläne, im privaten Bereich IRA (Individual Retirement Account). Bei der Wahl der Anlageform gibt es gewisse Freiheiten, Wertpapiere, vor allem Investmentfonds, stellen aber mit riesigem Abstand die beliebteste Anlageform in diesen Plänen dar.

401 k: Bei diesen betrieblichen Vorsorgeplänen können Angestellte bis zu 10.000 USD pro Jahr noch vor der Besteuerung vom Gehalt abziehen und in einen Sparplan einzahlen. Um diese Art der Vorsorge zu fördern, zahlen viele Unternehmen zusätzlich für ihre Mitarbeiter ein. Neben der Funktion als Sozialleistung nutzt dies vielen Unternehmen, weil die Veranlagung vielfach in Aktien des eigenen Unternehmens erfolgt. Aktien des eigenen und anderer Unternehmen waren von Anfang an in diesen Plänen sehr beliebt, in den letzten Jahren haben sich Aktienfonds als bevorzugte Anlageform durchgesetzt. Auszahlungen aus diesem Plan sind zwar jederzeit möglich, wenn sie aber vor dem 60. Lebensjahr erfolgen, unterliegen sie einem Pönale von 10 %. Dieser Abzug von 10 % kann nur in Ausnahmefällen umgangen werden. Nach dem 60. Lebensjahr kann das Geld jederzeit aus dem Plan entnommen werden. Es wird dann zum Zeitpunkt der Entnahme versteuert. Der wesentliche Vorteil dieser Pläne, in denen über 10.000 Mrd. Schilling liegen, ist die steueraufschiebende Wirkung. Denn man bezahlt zum Zeitpunkt der Einzahlung keine Steuern auf diesen Teil des Gehalts, sondern erst dann, wenn man das Geld aus dem Plan entnimmt.
Dies hat zwei Vorteile: Erstens steht mehr Kapital für eine ertragreiche langfristige Anlage zur Verfügung, zweitens geht man davon aus, daß man in der Pension einem niedrigeren Steuersatz als während der aktiven Berufslaufbahn unterliegt.

IRA: Diese Individual Retirement Accounts sind sehr ähnlich wie die 401 k-Pläne strukturiert. Die wesentlichen Unterschiede sind:

- Die Einzahlungen erfolgen vom einzelnen Steuerzahler aus seinem versteuerten Einkommen, er erhält aber die Steuer im Rahmen seiner jährlichen Steuererklärung zurück.
- Die maximale jährliche Einzahlung liegt bei 2000 USD.
- Die Zinserträge sind innerhalb des Plans steuerfrei.
- Für Auszahlungen vor dem 60. Lebensjahr gibt es zwar ein Pönale, dieses kann jedoch bei der Finanzierung von Ausbildungskosten der Kinder oder bis zu 10.000 USD beim Kauf des ersten Eigenheimes entfallen.
- Spätestens ab dem 71. Lebensjahr muß mit den Entnahmen begonnen werden.

Die Individual Retirement Accounts stellen mittlerweile über 20 % des gesamten Vorsorgevermögens dar. Es ist für den Großteil der Bevölkerung beruhigend zu wissen, daß mit einer Einzahlung von nur 2000 USD pro Jahr langfristig ein enormer Beitrag zur Absicherung im Alter geleistet werden kann. Ein weiterer wichtiger Faktor ist natürlich, daß ein wesentlicher Teil dieses Vermögens in Aktien und Aktienfonds, den Anlageformen mit den langfristig höchsten Erträgen, investiert worden ist.

b. Großbritannien

In Großbritannien besitzt die betriebliche und private Vorsorge die größte Bedeutung unter allen europäischen Staaten. Dies ist nicht überraschend, beträgt doch die staatliche Rente nur rund 20 % des Aktiveinkommens, kann also mit Sicherheit nicht viel mehr als einen Sozialbeitrag darstellen. Die Bedeutung der Eigenvorsorge wird noch durch die in den letzten 15 Jahren eingeführten massiven Kürzungen im Sozialbereich, vor allem bei älteren Leuten, deutlich. Zu der Tatsache, daß man vom Staat wenig Pension erhält, kommt noch, daß man für viele Bereiche der teuren medizinischen Versorgung im Alter auf die eigenen Mittel zurückgreifen muß. Wegen der radikalen Vorgangsweise von Premierminister Thatcher bei der Sanierung des Staatshaushaltes und des Pensionssystems wurde diese Umstrukturierung vielfach als

abschreckendes Beispiel dargestellt. In den letzten Jahren zeigten sich aber die Erfolge, und es fand ein Umdenken statt. Mittlerweile gibt es auch auf dem europäischen Kontinent vermehrt Maßnahmen, die denen in Großbritannien nachempfunden werden.
In Großbritannien ist der Anteil der Aktien an der Altersvorsorge enorm hoch. Der britische Wert war immer hoch, das gegenwärtige Ausmaß ist aber die Folge des seit Mitte der 70er Jahre andauernden Aufschwungs der Londoner Börse, der dazu führte, daß der Aktienanteil in den Depots ständig größer wurde. Dies wurde mit der 1988 erfolgten Einführung der sogenannten PEPs, Personal Equity Plans, durch den Staat noch zusätzlich gefördert.

PEP: Die Personal Equity Plans wurden 1988, angelehnt an das amerikanische Modell, eingeführt. Interessant ist, daß die Veranlagung, wie schon der Name sagt, ausschließlich in Aktien oder Aktienfonds erfolgen darf. Die Steuerfreiheit wirkt im Gegensatz nicht bei der Einzahlung, sondern bei den Erträgen und Kursgewinnen. Die Anlage muß zu mindestens 50 % in Aktien aus Großbritannien oder dem EU-Raum erfolgen. Bei Aktienfonds ist ein höherer Anteil außerhalb der genannten Gebiete möglich, es gibt aber betragsmäßige Einschränkungen. Die Veranlagung in einen PEP muß mit neuem Anlagegeld erfolgen, es können keine bestehenden Depots eingebracht werden. Man kann aber zwischen Sparplänen wechseln. Es sind sowohl Einmalanlagen als auch Ansparvarianten möglich. Man kann das Geld auch ohne Nachversteuerung herausnehmen, kann es aber dann nicht mehr in denselben PEP investieren. Es muß auch jedes Jahr ein neuer PEP begonnen werden, man kann nicht einfach in den Plan des Vorjahres dazuzahlen.

In Großbritannien gibt es zwei Arten von PEPs, die sich durch die Anlagemöglichkeiten und durch die Betragsgrenzen unterscheiden. Beim sogenannten general PEP sind jährliche Einzahlungen von bis zu 6000 Pfund möglich, beim sogenannten single company PEP ist die jährliche Einzahlung mit 3000 Pfund begrenzt. Außerdem kann man beim single company PEP nur in die Aktien einer einzigen Firma investieren. Es ist aber möglich, innerhalb eines Jahres von jeder Art je einen PEP zu eröffnen, so daß man insgesamt rund 200.000 Schilling pro Jahr investieren kann. Das System der privaten Vorsorge ist in Großbritannien mit einem Anlagevolumen von über 18.000 Mrd. Schilling ohnehin schon riesig, allein durch die PEPs fließen jedes Jahr weitere 350 Mrd. Schilling zu.

c. Übriges Europa

Im übrigen Europa haben nur einige Staaten wirklich nennenswerte private oder betriebliche Vorsorgesysteme, etwa Schweden, Dänemark, Niederlande, Schweiz und Belgien. Die Staaten in Mitteleuropa, neben Österreich und Deutschland vor allem Frankreich und Italien, stehen vor großen Problemen und müssen massive Veränderungen ihrer Pensionssysteme vornehmen. Denn ohne radikale Änderungen in ihren Alterssicherungssystemen müßten die mitteleuropäischen Staaten in einigen Jahrzehnten rund 20 % des Bruttonationalprodukts für Pensionen aufwenden, eine enorme Summe, wenn man bedenkt, daß etwa die Konvergenzkriterien für den Euro nur eine Neuverschuldung von 3 % pro Jahr zulassen. In Großbritannien wären nur vergleichsweise bescheidene 5 % aufzuwenden, um das umstrukturierte System in der heutigen Form leistungsfähig zu erhalten. Aber auch in Mitteleuropa sind die Zeichen eines Umdenkens deutlich erkennbar, am offensichtlichsten an dem Zufluß in die Aktienfonds, der 1997 in den meisten Staaten um über 30 % gestiegen ist. Ein großer Teil davon fand in Form von Sparplänen mit dem Ziel der Altersvorsorge statt.

Abschließend muß man sich natürlich die Frage stellen, ob die europäischen Staaten sich die Förderung der privaten Vorsorge überhaupt leisten können. Verschiedene Studien und die amerikanischen Erfahrungen haben aber gezeigt, daß langfristig für den Staat trotz steuerlicher Förderungen die Unterstützung der privaten Vorsorge aufkommensneutral wird. Abgesehen davon, daß die einzelne Volkswirtschaft durch die Bereitstellung von Aktienkapital gestärkt wird, geht das Geld ja nicht gänzlich dem Staat verloren. Denn in den meisten Fällen handelt es sich um eine Steuerstundung, nicht um einen Steuerverzicht. Der Staat bekommt zwar das Geld um viele Jahre später, erhält aber unter der Annahme gleichbleibender Steuersätze deutlich höhere Beträge, weil in der Regel der Wert der Depots viel höher ist als zum Zeitpunkt der Einzahlung.

Es ist zu erwarten, daß die Bevölkerung in Mitteleuropa auch ohne steuerliche Anreize Schritte zur privaten Vorsorge macht, da die Unfinanzierbarkeit der staatlichen Pension immer offensichtlicher wird. Die steuerliche Förderung durch den Staat dient eher dazu, möglichst viele Leute in einem möglichst großen Ausmaß zur privaten Vorsorge zu bewegen, damit nicht Teile der Bevölkerung später als Sozialfälle vom Staat versorgt werden müssen. Man fürchtet, daß ohne ein steuerliches Zuckerl viele lieber gedankenlos heute konsumieren anstatt für eine ferne Zukunft anzusparen.

Veranlagung unter Risiko-Ertragsgesichtspunkten am Rentenmarkt

Andreas Witzani

Einleitung

Interessierten Anlegern steht heutzutage eine Fülle von Informationen die Kapitalmärkte betreffend aus Tageszeitungen, Researchpublikationen der verschiedenen Banken etc. zur Verfügung. Ebenso hat die Schnelligkeit der Informationsverarbeitung und somit die Verfügbarkeit von börsenrelevanten Daten über Fernsehen sowie Internet stetig zugenommen.

Diese Entwicklungen tragen dazu bei, daß alle Marktteilnehmer auf schnellem Wege über annähernd die gleichen Informationen verfügen können und sich ihre Entscheidungen durch Käufe/Verkäufe in den Kursen der Wertpapiere widerspiegeln. Fama[1] stellte in seinen Studien Besonderheiten bei der Preisbildung fest, die sich mit der These vom effizienten Kapitalmarkt zusammenfassen lassen. In der Literatur werden drei Stärken[2, 3] der nicht unumstrittenen Kapitalmarkteffizienzthese[4] unterschieden, die im wesentlichen vom Informationsstand der Marktteilnehmer abhängen. In ihrer schwachen Form besagt die These, daß sich ein Anleger keine Vorteile aus der Kenntnis historischer Kursverläufe verschaffen kann. Die mittlere Kapitalmarkteffizienz schließt eine Verwertung von Informationen bezüglich wichtiger Unternehmensdaten aus, da diese bereits in den Kursen vorweggenommen sind. In einem stark effizienten Markt würde man davon ausgehen, daß alle Informationen (auch Insiderinformationen) in den Kursen bereits enthalten sind.

Der Investor muß nun unabhängig von der Stärke der Kapitalmarkteffizienz seine Anlageentscheidung an seinen Bedürfnissen ausrichten. Im folgenden Kapitel soll gezeigt werden, wie durch Hinterfragen der Anlegerziele die Risikoneigung sowie die Ertragserwartungen des Anlegers herausgearbeitet werden können.

Schritte im Veranlagungsprozeß

Ziel eines jeden Investors ist es nun, sein Kapital effizient – ertragsorientiert sowie risikobewußt – einzusetzen.

Dies erfordert eine Aufteilung des Kapitals in Aktien, Anleihen, Cash etc., welche sich mit den Vorstellungen des Investors hinsichtlich Rendite, Sicherheit/Risikotoleranz, Verfügbarkeit des Kapitals sowie des Veranlagungsgrundes für einen vorher definierten Zeitrahmen deckt. Eine genaue Definition des Anlegerzieles dient nicht zuletzt der Kontrolle der Zielerreichung.

Die Festlegung des Anlagezeitraumes ist insofern wichtig, da sich bei längerfristigen Veranlagungen die Performance des Portfolios trotz zufälliger Ertragsschwankungen dem durchschnittlichen Ertrag nähert. Eine Aktienveranlagung sollte deshalb nicht bei einem kurzfristigen Anlagehorizont eingegangen werden, hier sind Geldmarktveranlagungen bzw. kurzfristige Rentenpapiere vorzuziehen.
Die Ziele eines Anlegers[5] werden oft über ein Gespräch bezüglich des Anlagezwecks klarer, wodurch sich meist der Anlagehorizont, die Risikoneigung sowie Ertragserwartungen ergeben.

- **Kundenwunsch**
  Hohe Rendite
  Sicherheit
  Liquidität, jederzeitige Verfügbarkeit des Kapitals
- **Veranlagungsgrund/-zweck**
  zusätzliche Pension, Eigenvorsorge
  Ausbildung für Kinder
  Größere Anschaffung: Auto-, Hauskauf
  Vermögensvermehrung
  Steuerliche Gründe
- **Dauer der Veranlagung**
  langfristig
  – Eigenvorsorge
  – Ausbildung für Kinder
  kurzfristig
- **Risikotoleranz**
  Ertragsvorstellungen
  Risiko / Ertragsverhältnis
- **Reporting**
  Rechenschaftsbericht, Halbjahresbericht

Die auf die Kundenbedürfnisse abgestimmte Strategie sollte ohne Änderung des Anlagezwecks beibehalten werden, weshalb bei kurzfristigen Marktschwankungen die grundsätzliche Strategie nicht in Frage gestellt werden darf.

Die Überlegungen gipfeln meist in einem Abwägen der Risiko-Ertrags-relation, wodurch ein gewünschter Ertrag immer unter der Risikobereitschaft des Anlegers zu sehen ist.

Fragebogen der DG-Bank zu Anlagezielen und Risikobereitschaft

6. Anlageziele

Einmalige Ausschüttung	☐	Wiederkehrende Ausschüttungen	☐
Langfristige Anlage	☐	Kurzfristige Anlage	☐
Liquiditätssicherung	☐	Altersversorgung	☐
Vermögensaufbau	☐	Laufende Entnahmen	☐
Vermögen übertragen	☐	Spekulation	☐
Familie absichern	☐	Kein vorrangiges Ziel	☐

Sonstiges
(z. B. Ausbildung)

Konkrete Anlageziele, z. B. Immobilienerwerb

7. Risikobereitschaft

Konservativ	☐	Hohe Sicherheits- und Liquiditätsbedürfnisse mit nur kurzfristiger Renditeerwartung, Stabilität und kontinuierliche Entwicklung der Anlage, Substanzerhaltung.
Risikoscheu	☐	Sicherheitsbedürfnisse überwiegen, Liquiditätsbedarf und Renditeerwartung, Kursstabilität, höhere Erträge als mit ausschließlich kursstabilen Anlagen.
Risikobereit	☐	Sicherheit und Liquidität werden höherer Renditeerwartung untergeordnet, teilweise Toleranz gegenüber Kursschwankungen bei vorrangiger Substanzerhaltung. Langfristig rendite-/kursgewinnorientiert, kleiner Teil auch in Anlagen mit hohen Wertschwankungen.
Spekulativ	☐	Streben nach kurzfristig hohem Gewinn, Suche nach Renditechancen überwiegt Sicherheits- und Liquiditätsaspekte. Kursschwankungen erwünscht, Inkaufnahme von teilweisen Kapitalverlusten, kurzfristig stark rendite-/kursgewinnorientiert.
Hochspekulativ	☐	Ausschließliches Anlagemotiv ist die Nutzung höchster Renditechancen bei hohem Risiko (Totalverlust einkalkuliert).

Quelle: Wertpapierberatungsbogen der DG-Bank, Version 1.0, Juli 1997, S. 5

Ertrag und Risiko

Bevor auf den Ansatz von Markowitz eingegangen wird, sollen verschiedene statistische Begriffe abgeklärt werden: Normalverteilung, Mittelwert, Standardabweichung, Korrelation.

Normalverteilung

In der modernen Portfoliotheorie wird bei der Wahrscheinlichkeitsverteilung zukünftiger Renditen davon ausgegangen, daß die Renditen annähernd normalverteilt sind. Die Annahme der Normalverteilung bedeutet, daß die Anlagemöglichkeiten durch die statistischen Maße Erwartungswert sowie Standardabweichung bestimmt werden können.
Ein erster Anhaltspunkt für die erwarteten Erträge liefert der Mittelwert aus einer repräsentativen Stichprobe, wenn keine Renditeschätzungen zur Verfügung stehen. Im Gegensatz zu historischen Risikowerten (Standardabweichung) weisen historische Erträge allerdings eine schlechte Prognosequalität auf.[6]
Ein Beispiel anhand der Einkommensverteilung eines Landes soll dies verdeutlichen. In einer fiktiven Stichprobe wurden von 30 Erwerbstätigen die monatlichen Einkommen ermittelt. Das durchschnittliche Bruttoeinkommen (Mittelwert) lag in dieser Stichprobe bei 20.233 ATS, das höchste bei 27.000 ATS und das niedrigste Einkommen bei 14.000 ATS. Abb. 1 auf Seite 106 zeigt die Häufigkeitsverteilung der Einkommen verglichen mit der Normalverteilung. Geht man nun von einer annähernd normalverteilten Einkommensstruktur in unserem Beispiel aus, so sieht man, daß die Wahrscheinlichkeit eines durchschnittlichen Einkommens weit größer ist als ein Einkommen von 27.000 ATS.
Neben dem Mittelwert von 20.233 ATS wurde aus den Daten eine Standardabweichung von 2.515 ATS ermittelt. Statistisch läßt sich unter Annahme der Normalverteilung daraus die Aussage ableiten, daß etwa 68 % der Einkommen zwischen 17.718 ATS (= 20.233 ATS – 2.515 ATS) und 22.748 ATS (= 20.233 ATS + 2.515 ATS) liegen.

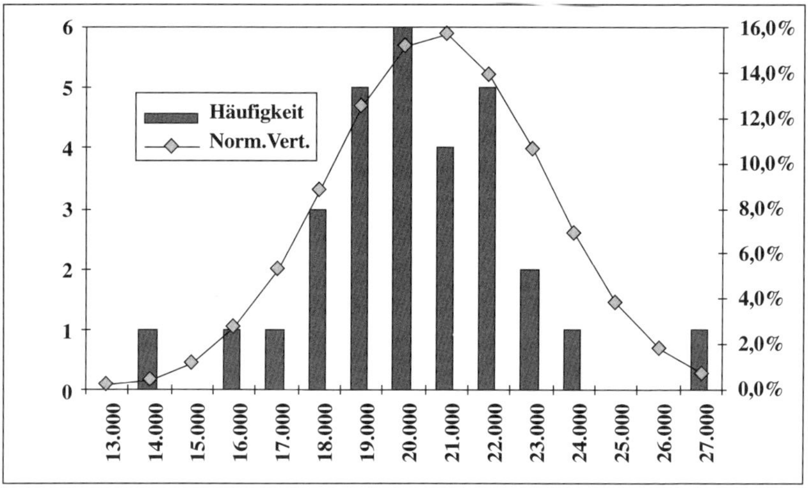

Abb. 1: Einkommensstruktur und Normalverteilung

Vergrößert man die Schwankungsbreite um das durchschnittliche Einkommen auf 2 Standardabweichungen (15.203 ATS – 25.263 ATS), so liegen bereits rund 95 % der Einkommen in dieser Bandbreite.

In der folgenden schematischen Darstellung der Normalverteilung von Maginn/Tuttle sieht man auf der X-Achse den erwarteten Ertrag E (R) aufgetragen sowie die Abweichungen um eine, zwei bzw. drei Standardabweichungen. Die Wahrscheinlichkeit ist auf der Y-Achse aufgetragen, wobei die Gesamtfläche unter der glockenförmigen Normalverteilung 100% ergibt. Die Fläche innerhalb einer Standardabweichung weist eine Wahrscheinlichkeit von etwa 68 % auf.

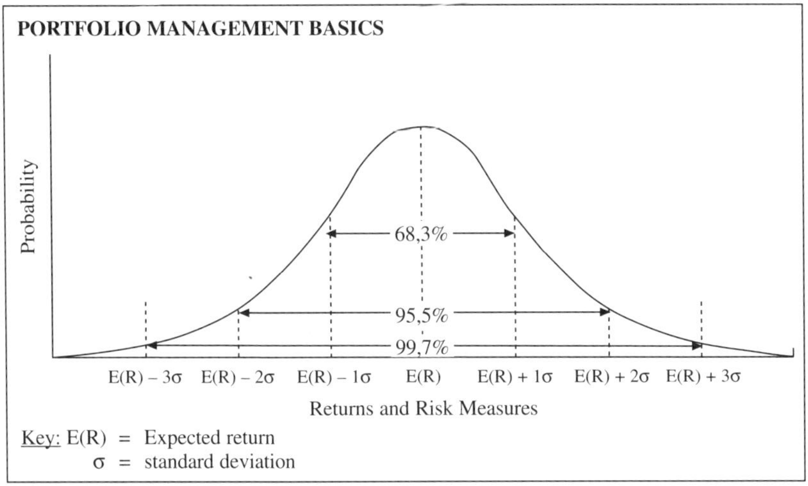

Abb. 2: Normalverteilung
Quelle: Maginn John L. / Tuttle Donald L., Managing Investment Portfolios, 2nd edition, 1990, 2-17

Die Häufigkeitsverteilung des Datastream Effas-Government Bondindex für den gesamten deutschen Staatsanleihenmarkt läßt die Annahme einer symmetrischen Verteilung wie der Normalverteilung sinnvoll erscheinen.
Die Untersuchung erstreckt sich auf den Zeitraum zwischen 1980 bis 1997, wobei monatliche Daten erhoben wurden. Der Mittelwert lag im Beobachtungszeitraum bei 7,9 %, die Standardabweichung bei 4,8 %. Eine gängige Berechnung des Risikos in Form der rollierenden Standardabweichung über die jeweils letzten 60 Monate ergab ein durchschnittliches Risiko des deutschen Anleihenmarktes von rund 4%.

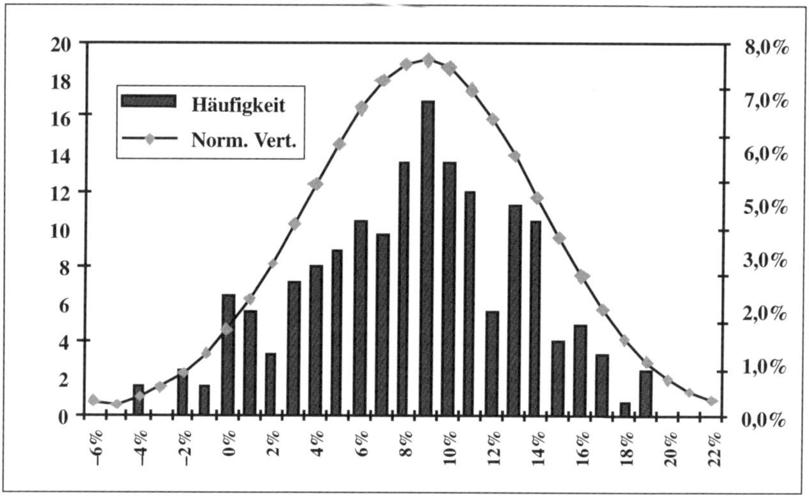

Abb. 3: Graphische Verteilung jährlicher Returns am deutschen Rentenmarkt 1980 – 1997 (monatliche Daten)

Ertrag

Die Rendite eines Rentenpapiers unterteilt sich in den Kuponertrag, die Zinseszinsen sowie etwaige Kursgewinne bzw. -verluste, die gemeinsam ins Verhältnis zum eingesetzten Kapital gesetzt werden. Aus einer Stichprobe läßt sich wie im Beispiel mit der Einkommensstruktur ebenso ein durchschnittlicher Ertrag (Mittelwert) für eine Zeitperiode ermitteln, der mangels Alternativen oft als Prognosewert für den erwarteten Ertrag dient.

Risiko

Das Risiko wird in der Portfoliotheorie durch die Standardabweichung der Rendite (Kursveränderung inklusive laufender Erträge) gemessen, womit man die Schwankungsbreite um den erwarteten Ertrag erfaßt. In der Regel werden die Daten zur Vergleichbarkeit auf ein Jahr berechnet, wodurch man die annualisierten Standardabweichungen erhält.

In der modernen Portfoliotheorie wird das Risiko in ein unsystematisches/diversifizierbares/wertpapierspezifisches Risiko und ein systematisches/undiversifizierbares Marktrisiko unterteilt.

Das **wertpapierspezifische Risiko** kann durch die Streuung des Kapitals auf eine größere Anzahl von Wertpapieren teilweise reduziert werden. Dies gelingt jedoch nur unter der Voraussetzung, daß die einzelnen Titel keinen vollkommen gleichen Kursverlauf (hohe positive Korrelation) aufweisen. Somit kann ein Diversifikationseffekt nur dann erzielt werden, wenn die Kursverläufe der Wertpapiere schwach bzw. negativ korrelieren.

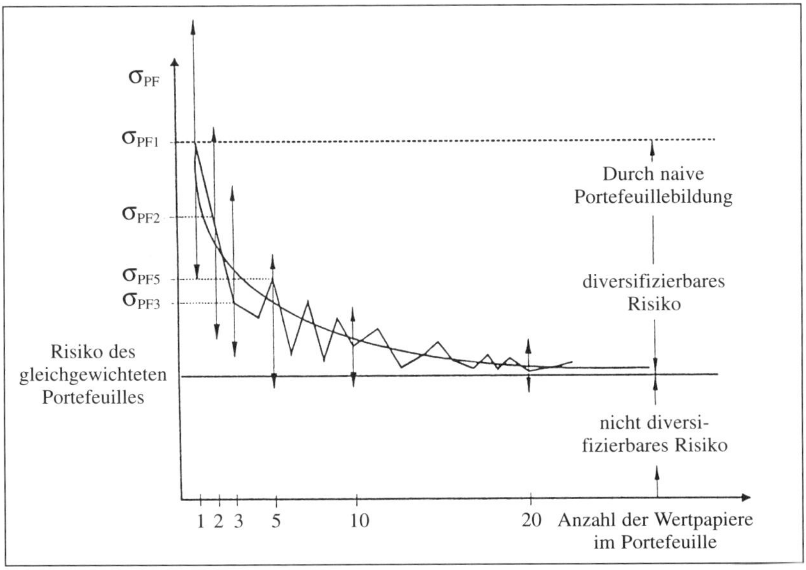

Abb. 4: Risikodiversifikationseffekt bei zunehmender Anzahl von Wertpapieren[7]

Unter dem **Marktrisiko** ist vor allem das Zinsänderungs- sowie Inflationsrisiko zu subsumieren, da diese Risken nicht durch Streuung auf mehrere Wertpapiere (Diversifikation) reduziert werden können.

Der Kauf einer Anleihe birgt das Risiko in sich, daß sich der Kurs der Anleihe an eine Veränderung des allgemeinen Zinsniveaus anpaßt. Dieses Zinsänderungsrisiko läßt sich in ein Wiederanlage- und ein Kursrisiko unterteilen, die sich gegenläufig auswirken.

Steigende Marktzinsen bedeuten einerseits sinkende Kurse, andererseits können die Rückflüsse (Kupon) zu einem höheren Zinssatz wieder veranlagt werden. Bei sinkenden Zinsen steigen die Kurse, die Rückflüsse können aber nur zu einem geringeren Zinssatz wieder veranlagt werden. Der Zeitpunkt, zu dem sich Kursrisiko bzw. -chance durch Wiederanlagechance bzw. -risiko kompensieren, ist die Duration. Die Duration dient als moderne Risikokennzahl einerseits zur Messung des Zinsänderungsrisikos einer Anleihe sowie andererseits zur weitgehenden Ausschaltung des Zinsänderungsrisikos zu einem bestimmten Zeitpunkt (Immunisierungscharakter).

Durationstabelle

Marktzinsniveau 6,00%

Kurswert 100

		Restlaufzeit in Jahren									
		1	2	3	4	5	6	7	8	9	10
K	0	1,000	2,000	3,000	4,000	5,000	6,000	7,000	8,000	9,000	10,000
u	1	1,000	1,990	2,968	3,934	4,887	5,826	6,750	7,657	8,548	9,420
p	2	1,000	1,980	2,938	3,873	4,786	5,673	6,535	7,371	8,180	8,961
o	3	1,000	1,970	2,909	3,818	4,694	5,538	6,350	7,129	7,875	8,589
n	4	1,000	1,961	2,883	3,766	4,611	5,418	6,188	6,921	7,619	8,281
	5	1,000	1,952	2,857	3,718	4,535	5,310	6,044	6,740	7,399	8,023
	6	1,000	1,943	2,833	3,673	4,465	5,212	5,917	6,582	7,210	7,802
i	7	1,000	1,935	2,811	3,631	4,401	5,124	5,804	6,443	7,044	7,611
n	8	1,000	1,927	2,789	3,592	4,342	5,044	5,701	6,319	6,899	7,445
	9	1,000	1,920	2,769	3,556	4,288	4,970	5,609	6,208	6,770	7,299
%	10	1,000	1,912	2,749	3,521	4,237	4,903	5,525	6,107	6,654	7,169

Aus der Tabelle ist die Duration einzelner Anleihen in Abhängigkeit vom Kupon bzw. der Restlaufzeit abzulesen. Nullkuponanleihen weisen eine Duration gleich ihrer Restlaufzeit auf, bei Kuponanleihen ist sie geringer als die Restlaufzeit. Eine 10jährige Anleihe mit einem Kupon von 7 % weist beispielsweise eine Duration von 7,611 Jahren auf. Die Modified Duration, als relatives Maß für die Sensitivität einer

Anleihe gegenüber Zinsänderungen von +/– 100 Basispunkten, beträgt 7,18 % (= 7,611/(1+6 %)). Fällt die Rendite von 6 % auf 5 %, so würde der Investor einen Kursgewinn von etwa 7,2 % erzielen.

Eigenschaften der Duration

	Kupon	Kuponhäufigkeit	Rendite	Laufzeit
Einflußfaktor	↑	↑	↑	↑
Duration	↓	↓	↓	↑

Je höher die Duration einer Anleihe desto höher ist das Zinsänderungsrisiko, wie sich auch an der Schwankungsbreite in der unteren Graphik anhand der Entwicklung der Returnindices für 2- bzw. 10jährigen Anleihen zeigt.

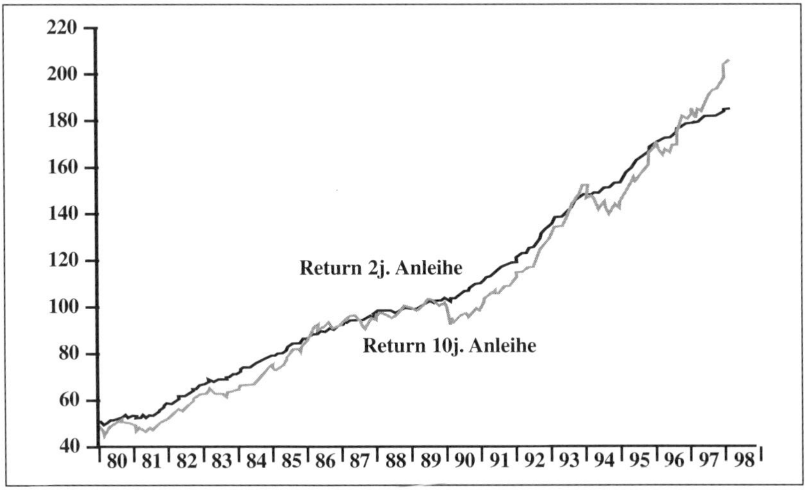

Abb. 5: Total Returnindices 2- bzw. 10jähriger deutscher Anleihen
Quelle: GIS/Datastream

Das Inflationsrisiko der Investoren wird durch die Steigerungsrate der Verbraucherpreise, die sich an einem Warenkorb eines repräsentativen Haushaltes orientieren, gemessen. Die Erhaltung der Kaufkraft ist somit vom Ertrag nach Abzug der Inflation (Realverzinsung) abhängig.

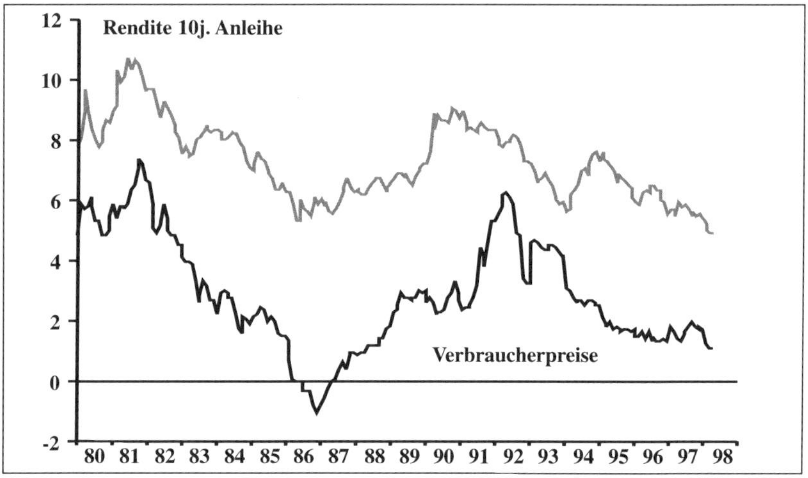

Abb. 6: Entwicklung der Rendite sowie der Verbraucherpreise in Deutschland
Quelle: GIS/Datastream

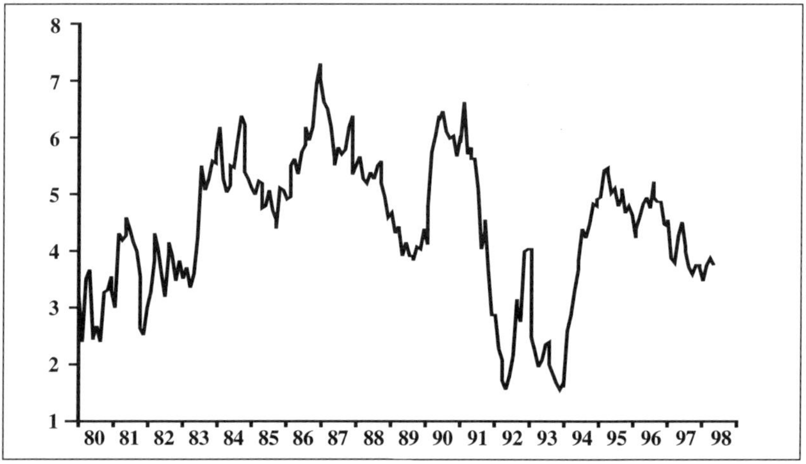

Abb. 7: Realverzinsung 10jähriger Anleihen in Deutschland
Quelle: GIS/Datastream

Korrelation

Ein Korrelationskoeffizient gibt den Zusammenhang zwischen Zeitreihen an, wobei es sich um eine normierte Größe handelt, die Werte zwischen +1 und −1 annehmen kann. Eine Korrelation von +1 (0 bzw. −1) bedeutet, daß sich zwei Wertpapiere gleichlaufend (unabhängig voneinander, genau entgegengesetzt) entwickeln.
Im folgenden Teil werden diese drei extremen Ausprägungen der Korrelation rechnerisch sowie graphisch verdeutlicht.

In den Tabellen sind die Returns zweier Wertpapiere (r_1, r_2) für zwölf Perioden sowie die quadrierten Returns und ihr Produkt zur Berechnung von Erwartungswert und Standardabweichung angegeben.
Die Begriffe Erwartungswert, Standardabweichung sowie Korrelation wurden bereits erläutert. Die Varianz ist die quadrierte Standardabweichung, durch die verhindert wird, daß sich positive sowie negative Abweichungen aufheben und damit ein verfälschtes Bild der Schwankungsbreite entstehen würde.

Beispiele für Korrelationen zwischen zwei Wertpapieren

Hohe positive Korrelation

	$E[r_1]$	$E[r_1]^2$	$E[r_2]$	$E[r_2]^2$	$E[r_1]*E[r_2]$
1	**4**	16	**6**	36	24
2	**7**	49	**9**	81	63
3	**−5**	25	**−7**	49	35
4	**3**	9	**5**	25	15
5	**−2**	4	**−4**	16	8
6	**−3**	9	**−5**	25	15
7	**8**	64	**10**	100	80
8	**6**	36	**8**	64	48
9	**7**	49	**9**	81	63
10	**−4**	16	**−6**	36	24
11	**−2**	4	**−4**	16	8
12	**5**	25	**7**	49	35
Summe	24	306	28	578	418

	r_1	r_2
Erwartungswert	2.00	2.33
Varianz	23.45	46.61
Stabw	4.84	6.83
Korrelation	1.00	
Kovarianz	32.91	

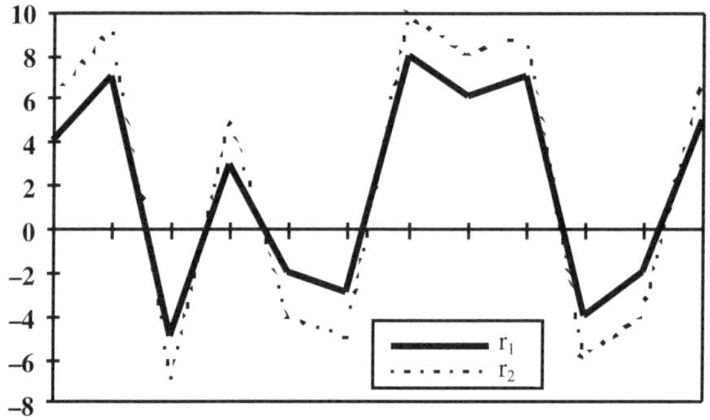

Abb. 8: Hohe positive Korrelationen zwischen zwei Wertpapieren

Hohe negative Korrelation

	$E[r_1]$	$E[r_1]^2$	$E[r_2]$	$E[r_2]^2$	$E[r_1]*E[r_2]$
1	**4**	16	**–4**	16	–16
2	**7**	49	**–7**	49	–49
3	**–5**	25	**5**	25	–25
4	**3**	9	**–3**	9	–9
5	**–2**	4	2	4	–4
6	**–3**	9	**3**	9	–9
7	**8**	64	**–8**	64	–64
8	**6**	36	**–6**	36	–36
9	**7**	49	**–7**	49	–49
10	**–4**	16	**4**	16	–16
11	**–2**	4	**2**	4	–4
12	**5**	25	**–5**	25	–25
Summe	24	306	–24	306	–306

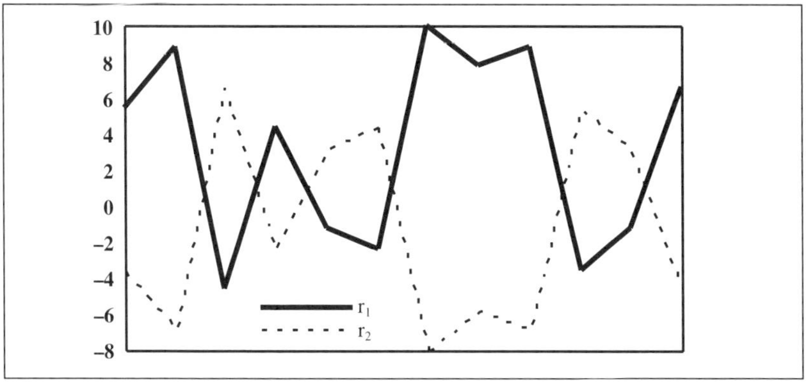

Abb. 9: Hohe negative Korrelation zwischen zwei Wertpapieren

	r_1	r_2
Erwartungswert	2.00	-2.00
Varianz	23.45	23.45
Stabw	4.84	4.84
Korrelation–1.00		
Kovarianz	–23.45	

Beinahe unkorreliert

	E [r_1]	E [r_1]^2	E [r_2]	E [r_2]^2	E [r_1]*E [r_2]
1	**4**	16	**1**	1	4
2	**7**	49	**–2**	4	–14
3	**–5**	25	**2**	4	–10
4	**3**	9	**4**	16	12
5	**–2**	4	**8**	64	–16
6	**–3**	9	**–2**	4	6
7	**8**	64	**7**	49	56
8	**6**	36	**4**	16	24
9	**7**	49	**5**	25	35
10	**–4**	16	**0**	0	0
11	**–2**	4	**7**	49	–14
12	**5**	25	**–5**	25	–25
Summe	24	306	29	257	58

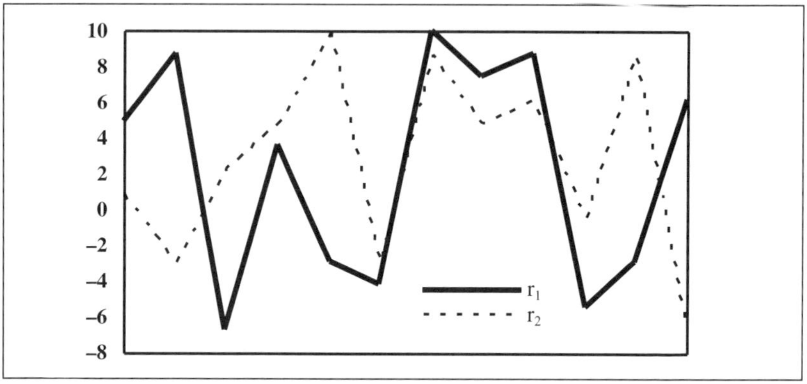

Abb. 10: Unabhängiger Verlauf der Erträge zweier Wertpapiere

	r_1	r_2
Erwartungswert	2.00	2.42
Varianz	23.45	16.99
Stabw	4.84	4.12
Korrelation0.00		
Kovarianz	0	

Korrelationsmatrix der Returns einzelner Teilindices am deutschen Rentenmarkt 1980 – 1997 (monatliche Daten)

	Return Markt	Return 2Y	Return 5Y	Return 7Y	Return 10Y
Return Markt	1				
Return 2Y	0.90	1			
Return 5Y	0.99	0.92	1		
Return 7Y	0.98	0.82	0.96	1	
Return 10Y	0.96	0.78	0.93	0.96	1

Aus obenstehender Tabelle läßt sich auf einen starken Gleichlauf insbesondere der Returns von 5-, 7- und 10jährigen Staatsanleihen schließen. Die geringste – wenngleich hohe positive Korrelation – weisen die Returns 2jähriger mit 10jährigen, deutschen Anleihen auf. Ein Diversifikationseffekt durch das Aufteilen des Kapitals auf verschiedene Laufzeiten am deutschen Staatsanleihenmarkt ist aufgrund des Gleichlaufs beinahe unmöglich.

Erwarteter Ertrag und Risiko eines Portfolios

Beispiel: Erwarteter Ertrag und Risiko eines Portfolios

Der Ertrag eines Portfolios ist bei Kenntnis der Returns einzelner Wertpapiere sowie deren Gewichtung einfach zu berechnen. Dagegen muß man bei der Ermittlung des Portfoliorisikos die Abhängigkeiten der einzelnen Wertpapiere voneinander, die Gewichte der Wertpapiere sowie das Einzelrisiko berücksichtigen.

Erwarteter Ertrag eines Portfolios

$$E(r_{pf}) = w_1 * E(r_1) + w_2 * E(r_2)$$

$E(r_{pf})$ ... erwarteter Ertrag des Portfolios
$E(r_1)$ ... erwarteter Ertrag von Wertpapier 1
$E(r_2)$ ... erwarteter Ertrag von Wertpapier 2
w_1 ... Anteil von Wertpapier 1 in %
w_2 ... Anteil von Wertpapier 2 in %
$w_1 + w_2 = 1$

Risiko eines Portfolios

$$\sigma^2 (r_{pf}) = w_1^2 * \sigma^2 (r_1) + w_2^2 * \sigma^2 (r_2) + 2 * w_1 * w_2 * \sigma(r_1, r_2)$$

$\sigma^2 (r_1)$ ... Varianz des Ertrages für Wertpapier 1
$\sigma^2 (r_2)$ ... Varianz des Ertrages für Wertpapier 2
$\sigma(r_1, r_2)$ ... Kovarianz zwischen den Erträgen für Wp 1 und Wp 2

In der Tabelle sind die Returns zweier Wertpapiere (r1, r2) für zwölf Perioden angegeben. Aus diesen Daten wird der erwartete Ertrag, die

Standardabweichung der einzelnen Papiere sowie ihre Korrelation berechnet.
Anschließend wird aus diesen Daten der Ertrag sowie das Risiko einzelner Portfolios – Kombination aus diesen zwei Wertpapieren – ermittelt.

	1	2	3	4	5	6	7	8	9	10	11	12
r_1	**22**	**–8**	**10**	**5**	**32**	**15**	**12**	**3**	**17**	**8**	**–2**	**15**
r_2	**0**	**13**	**–5**	**5**	**18**	**8**	**10**	**–5**	**10**	**2**	**8**	**6**

Erwartungswert

$$E[r] = \frac{1}{N} \bullet \sum_{i=1}^{N} x_i$$

$$E[r_1] = \frac{1}{12} \bullet (22-8+10+...+8-2+15) = \frac{1}{12} \bullet 129 = 10{,}75$$

$$E[r_2] = \frac{1}{12} \bullet (0+13-5+...+2+8+6) = \frac{1}{12} \bullet 70 = 5{,}83$$

$E[r_1]\,E[r_2]$ *... Erwartungswert*

Standardabweichung = Wurzel(Varianz)

$$\sigma^2 = \frac{1}{N-1} \sum_{i=1}^{N} x_i - \bar{x}^2$$

$$\sigma_1^{\ 2} = \frac{1}{12-1} \bullet (2657 - \tfrac{1}{12} \cdot 129^2) = 115{,}48$$

$$\sigma_1 = 10{,}75$$

$$\sigma_2^{\ 2} = \frac{1}{12-1} \bullet (936 - \tfrac{1}{12} \cdot 70^2) = 47{,}97$$

$$\sigma_2 = 6{,}93$$

$\sigma_1^{\ 2}, \sigma_2^{\ 2}$ *... Varianz*

σ_1, σ_2 *... Standardabweichung*

Korrelation

$$\mathrm{cov} = \frac{1}{N-1} \bullet (932 - \frac{1}{12} \cdot 129 \cdot 70) = 16{,}32$$

$$corr = \frac{\mathrm{cov}}{\sigma_1 \cdot \sigma_2} = \frac{16{,}32}{10{,}75 \cdot 6{,}93} = 0{,}22$$

$\mathrm{cov}\ldots$ *Kovarianz*

corr... Korrelation

Der **Ertrag eines Portfolios** ist nun die gewichtete Summe der Returns aus den einzelnen Veranlagungen.
Das **Risiko des Portfolios** kann jedoch nicht so einfach bestimmt werden, da neben den isolierten Einzelrisiken Interdependenzen (Korrelationen) zwischen den Einzelinvestments bestehen. Das Portfoliorisiko ist damit abhängig von den Einzelrisiken, den Gewichten der Wertpapiere sowie der Korrelation des Returns.

Risikodiversifikation

Durch eine systematische Risikodiversifikation im Portfolio wird das Risiko der Einzelveranlagungen durch geeignete Kombination der Papiere bei gleichem Ertrag reduziert. Damit werden inferiore Portfolios – d. h. Portfolios mit gleichem Risiko, aber geringerem Ertrag, sowie gleicher Ertrag, aber höheres Risiko – ausgesondert. Schließlich kommt man auf der Kurve der möglichen Portfoliokombinationen an einen Punkt, bei dem nur unter Inkaufnahme zusätzlichen Risikos ein höherer Ertrag erzielt werden kann. Dieses Portfolio nennt man **Minimum–Varianz–Portfolio** und es trennt die inferioren von den effizienten Portfolios. Die Auswahl des optimalen aus den effizienten Portfolios hängt nun von der Risikoneigung des Investors ab.

Diversifikation im Zwei-Wertpapierfall

	$E[r_1]$	$E[r_1]^2$	$E[r_2]$	$E[r_2]^2$	$E[r_1]*E[r_2]$
1	**22**	484	**0**	0	0
2	**–8**	64	**13**	169	–104
3	**10**	100	**–5**	25	–50
4	**5**	25	**5**	25	25
5	**32**	1024	**18**	324	576
6	**15**	225	**8**	64	120
7	**12**	144	**10**	100	120
8	**3**	9	**–5**	25	–15
9	**17**	289	**10**	100	170
10	**8**	64	**2**	4	16
11	**–2**	4	**8**	64	–16
12	**15**	225	**6**	36	90
Summe	129	2657	70	936	932

	r_1	r_2
Erwartungswert	10.75	5.83
Varianz	115.48	47.97
Stabw	10.75	6.93
Korrelation	0.22	
Kovarianz	16.32	

Minimum Varianz Portfolio

Gewicht MVP	24.2 %	75.8 %
E MVP	7.02	
V MVP	40.31	
Stabw MVP	6.35	

$w_1=(var_2-cov_{1,2})/(var_1+var_2-2*cov_{1,2})$

$w_2=1-w_1$

E_{MVP} … erwarteter Ertrag des Minimum Varianz Portfolios

V_{MVP} … Varianz des Minimum Varianz Portfolios

Stabw … Standardabweichung des Minimum Varianz Portfolios

W_1 … Gewicht des WP_1 des Minimum Varianz Portfolios

W_2 … Gewicht des WP_2 des Minimum Varianz Portfolios
var_1 … Varianz der Erträge von WP_1
var_2 … Varianz der Erträge von WP_2
$Cov_{1,2}$ … Kovarianz der Erträge

In unserem Beispiel wurden für die zwei Wertpapiere unterschiedliche Portfoliokombinationen ermittelt, indem das Gewicht des Wertpapieres w1 bei jedem Schritt um jeweils 5 % erhöht, jenes für Wertpapier w2 um 5 % reduziert wurde. Anfangs erreicht man eine Risikoreduktion bei steigendem Ertrag. Ab einem Gewicht von 25 % für WP_1 sowie 75 % für WP_2 steigt das Risiko bei zunehmenden Ertrag wieder an. Die genauen Gewichte für das Minimum Varianz Portfolio betragen w_1=24,2 % und w_2=75,8 %.

Ertrags-Risikokombinationen

w_1	w_2	Risiko	Ertrag	w_1	w_2	Risiko	Ertrag
0%	100%	6.93	5.83	55%	45%	7.26	8.54
5%	95%	6.72	6.08	60%	40%	7.56	8.78
10%	90%	6.55	6.33	65%	35%	7.88	9.03
15%	85%	6.44	6.57	70%	30%	8.23	9.28
20%	80%	6.37	6.82	75%	25%	8.61	9.52
25%	75%	6.35	7.06	80%	20%	9.00	9.77
30%	70%	6.38	7.31	85%	15%	9.42	10.01
35%	65%	6.47	7.55	90%	10%	9.85	10.26
40%	60%	6.60	7.80	95%	5%	10.29	10.50
45%	55%	6.78	8.05	100%	0%	10.75	10.75
50%	50%	7.00	8.29				

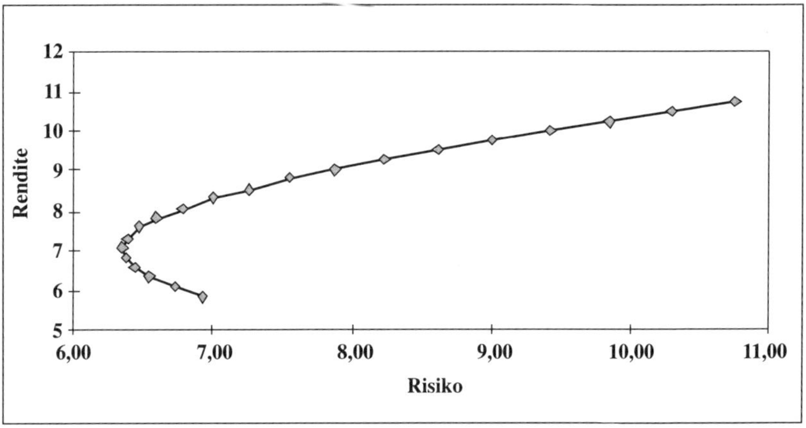

Abb. 11: Ertrags-Risikokombinationen

Modell von Markowitz

Harry M. Markowitz erhielt für seine Erkenntnisse in der Portfoliotheorie 1990 den Nobelpreis für Wirtschaftswissenschaften.
Dank seiner Arbeiten fand das Risiko in die moderne Portfoliotheorie Eingang, wodurch der Ertrag einer Anlage seither immer unter dem dazu eingegangenen Risiko gesehen wird.
Der Ansatz von Markowitz[8] beruht im wesentlichen auf der Streuung des Kapitals auf mehrere Anlagen, deren Kursbewegungen nicht vollkommen gleichlaufend sind (Diversifikationseffekt).
Nach der Berechnung des Ertrages (Erwartungswertes) sowie des Risikos (Standardabweichung) der einzelnen Wertpapiere werden unter Berücksichtigung der Abhängigkeiten der Papiere voneinander (Korrelationen) Portfolios gebildet.
Diese Portfolios werden nun in ein Rendite-Risikodiagramm eingetragen, wodurch man eine Punktwolke von möglichen Portfoliokombinationen erhält. Die Annahme eines rationalen Investors findet ihren Niederschlag in den Dominanzprinzpien. Damit werden aus der Punktwolke der möglichen Portfolios die effizienten herausgefiltert.

Dominanzprinzipien

- Unter Wertpapieren mit gleichem Risiko entscheidet sich der Investor für jenes mit der höheren Rendite.
- Unter Wertpapieren mit gleicher Rendite entscheidet sich der Investor für jenes mit dem geringeren Risiko.

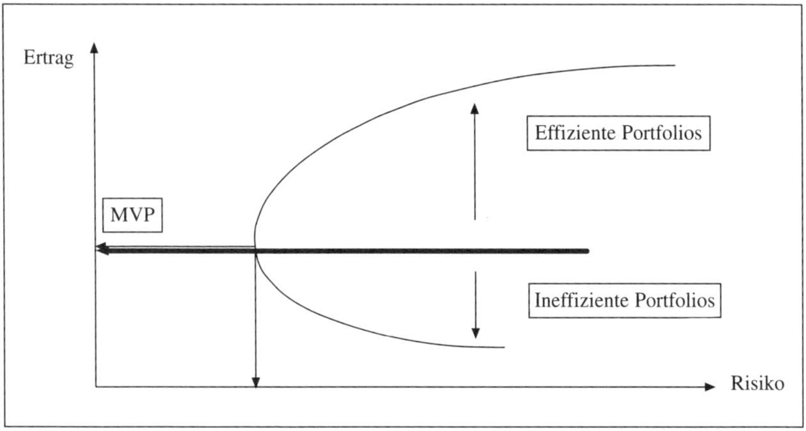

Abb. 12: Dominanzprinzipien

Effiziente Portfolios

Im Falle von effizienten Portfolios ist ein höherer Ertrag nur durch die Inkaufnahme eines höheren Risikos zu erzielen. Dies steht im Gegensatz zu Einzelveranlagungen, wo eben durch die systematische Risikodiversifikation mit einer Kombination von einzelnen Wertpapieren bei gleichem Ertrag das Risiko noch reduziert werden kann und es schließlich zur Bildung eines effizienten Portfolios kommt.

Effiziente Portfolios liegen auf der Kurve der möglichen Portfolios zwischen dem risikominimalen (Minimum-Varianz-Portfolio) und jenem mit dem höchsten Erwartungswert. Die Auswahl des „optimalen Portfolios“ aus der Menge der effizienten Portfolios erfolgt nun aufgrund der Risikoeinstellung des Investors.

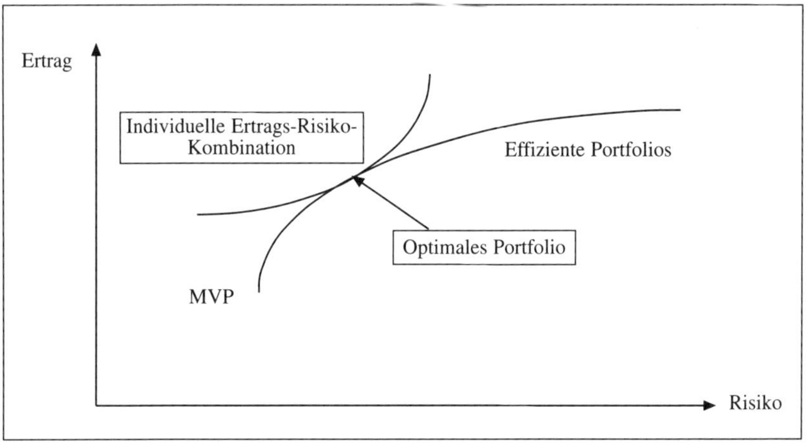

Abb. 13: Optimales Portfolio

Optimierung

Ein optimales Portfolio ergibt sich dann, wenn für einen Investor bei gegebenem Risiko der Ertrag maximiert wird bzw. bei vorgegebenem erwarteten Ertrag das Risiko minimiert wird.
Die Optimierung wird grundsätzlich die Anlagen mit dem höchsten erwarteten Ertrag und der geringsten (wenn möglich negativen) Korrelation auswählen. Als Ergebnis erhält man eine Effizienzlinie, worauf alle Portfoliokombinationen liegen, die bei gegebenem Ertrag ein geringeres Risiko bzw. bei gegebenem Risiko einen höheren Ertrag versprechen.[9]
Der Optimierungsvorgang hängt entscheidend von den zur Verfügung stehenden Daten ab, die genügend weit zurückreichen sollten, um einen Zins- bzw. Konjunkturzyklus einzufangen.
Aussagekräftige Ergebnisse für den Durchschnittsertrag sowie das Risiko erhält man durch die Analyse einer historischen Stichprobe, wobei der Untersuchung etwa ein Zeitraum von 8 Jahren zugrundegelegt werden sollte. Durch die Annahme der Normalverteilung kann mit einer Wahrscheinlichkeit von etwa 68 % (95 %/ 99 %) gesagt wer-

den, daß der erwartete Ertrag mit einer (zwei/drei) Standardabweichung um den Durchschnittsertrag schwanken wird. Das bedeutet, daß bei einem erwarteten Ertrag von 6 % sowie einer Standardabweichung von 2 % der zukünftige Ertrag mit einer Wahrscheinlichkeit von 68 % zwischen 4 % (6 % – 2 %) und 8 % (6 % + 2 %) liegen wird.

Die historischen Risikowerte, welche aus der Stichprobe ermittelt wurden, können als Schätzer für das zukünftige Risiko herangezogen werden, wobei auch eine Schätzung des Risikos durch quantitative Methoden (GARCH–Modelle) erfolgen kann. Die historischen Erträge weisen allerdings eine unzureichende Prognosequalität auf. Hier kann man sich mit Sensitivitätsanalysen hinsichtlich unterschiedlicher Szenarios (Worst Case, Best Case) weiterhelfen, um die Stabilität der effizienten Portfolios zu testen.[10]

	Best Case	Stable	Worst Case
Konjunktur			
Budget, Staatsverschuldung			
Notenbankpolitik			
Inflation			
Eintrittswahrscheinlichkeit			

Eine andere Möglichkeit, um erwartete Erträge zu quantifizieren, bieten zeitreihengestützte Prognosen, wobei an dieser Stelle auf die entsprechende Literatur verwiesen wird.[11]

Internationale Diversifikation

Die Möglichkeiten des Investors, sein Risiko durch internationale Diversifikation weiter zu reduzieren, kann durch das Streuen des Kapitals auf verschiedene Märkte, Währungen etc. infolge der größeren Unterschiede in den Kursbewegungen verbessert werden.
Ein wichtiges Maß für die Abhängigkeit der Finanzmärkte voneinander ist der Korrelationskoeffizient. Elton/Gruber kommen in ihrer Untersuchung der Korrelationen der Salomon–Brothers long-term Bond-Indices zu ähnlichen Ergebnissen wie Fabozzi/ Fabozzi.

Korrelation Bond-Indices in US–Dollar 1980 – 1988[12]

	Canada	France	Germany	Japan	Netherlands	Switzerland	U. K.
Canada							
France	0.447						
Germany	0.469	0.917					
Japan	0.475	0.704	0.721				
Netherlands	0.480	0.920	0.976	0.730			
Switzerland	0.479	0.834	0.917	0.736	0.925		
U.K.	0.515	0.572	0.612	0.575	0.608	0.585	
U.S.A.	0.677	0.386	0.475	0.434	0.444	0.491	0.415

Quelle: Elton E.J. / Gruber M.J., Modern Portfolio Theory and Investment Analyses 4th edition, 1991, S. 254, Tabelle 10.4

Die Untersuchung von Elton/Gruber zeigt, daß die für einen hohen Diversifikationseffekt wünschenswerte negative Korrelation einzelner Bond-Indices nicht gegeben ist. Allerdings weisen die Indices auch keine perfekte positive Korrelation auf, wodurch infolge der Beimischung internationaler Renten eine Diversifikation erzielt werden kann.

Fabozzi/Fabozzi teilten bei ihrer Studie die Beobachtung der Korrelationskoeffizienten in vier Zeiträume, um damit die Veränderung in den Abhängigkeiten der Länder zu dokumentieren. Die positive Korrelation gegenüber den USA hat sich über die einzelnen Perioden bis auf Australien mit allen Ländern erhöht.

Korrelationskoeffizienten zwischen US- und ausländischen Rentenmärkten in Lokalwährung (monatliche Daten)

	1978–89	1978–81	1982–85	1986–89
Australia	.18	.30	.17	.04
Canada	.78	.76	.80	.80
France	.25	.14	.06	.58
Germany	.52	.49	.45	.64
Japan	.39	.34	.33	.58
Netherlands	.54	.56	.46	.57
Switzerland	.35	.31	.34	.41
United Kingdom	.34	.28	.29	.48

Quelle: Fabozzi Frank J./Fabozzi T. Dessa, The Handbook of Fixed Income Securities 4th edition, 1995, S. 1029, Tab. 48–15

Eine Veränderung der Korrelationskoeffizienten ergibt sich bei Betrachtung der Zeitreihen in US-Dollar. Der Einfluß von Wechselkursbewegungen auf die Korrelation der Returns der acht Länder mit den USA über den 12jährigen Beobachtungszeitraum führte – bis auf Frankreich – zu einer Verringerung der positiven Korrelationskoeffizienten. Am stärksten wirkte sich der DM/$ Wechselkurs auf die Korrelation zwischen USA und Deutschland aus, die von 0.52 auf 0.32 zurückging. Damit zeigt die Studie von Fabozzi/Fabozzi, daß die Korrelation unter den Rentenmärkten zunimmt, daß aber die Wechselkurse die positiven Korrelationskoeffizienten verringern.[13]

Korrelationskoeffizienten zwischen US- und ausländischen Rentenmärkten in USD (monatliche Daten)

	1978–89	1978–81	1982–85	1986–89
Australia	.12	.43	.19	.13
Canada	.72	.72	.75	.64
France	.28	.25	.21	.44
Germany	.32	.41	.17	.37
Japan	.28	.36	.15	.28
Netherlands	.37	.45	.28	.33
Switzerland	.30	.42	.12	.31
United Kingdom	.32	.40	.23	.30

Quelle: Fabozzi Frank J. / Fabozzi T. Dessa, The Handbook of Fixed Income Securities 4th edition, 1995, S. 1030, Tab. 48–16

Damit ergibt sich am Beispiel eines US-Investors nach Fabozzi/Fabozzi[12], daß dieser durch die Beimischung internationaler Anleihen ein besseres Ertrags-Risikoverhältnis erzielt. Der Grund liegt in der unterschiedlichen Kursbewegung der internationalen und der US-Anleihen (siehe Korrelationstabelle).

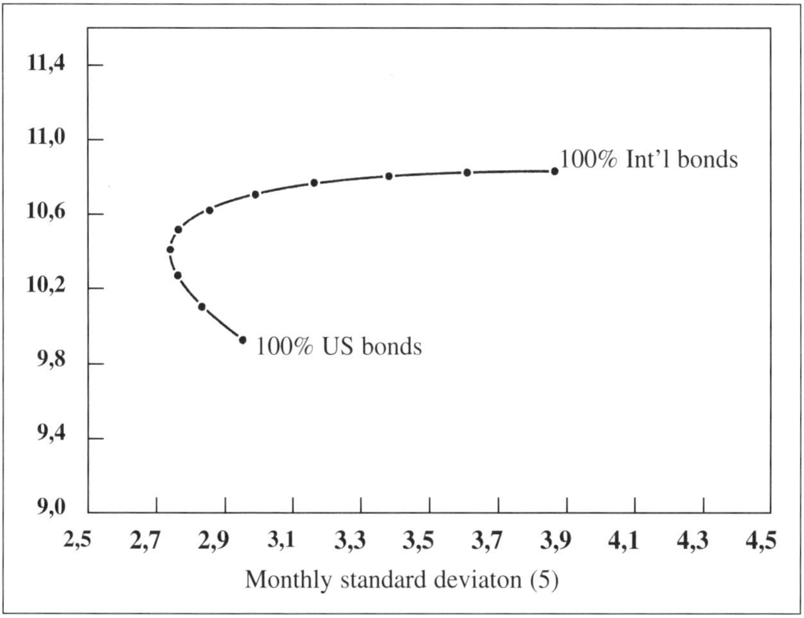

Abb. 14: Int'l bonds/US bonds

Quelle: Fabozzi Frank J. / Fabozzi T. Dessa, The Handbook of Fixed Income Securities 4th edition, 1995, S. 1033

Allgemein kann festgehalten werden, daß sich eine starke wirtschaftliche Verflechtung einzelner Länder wie z. B. Deutschland, Österreich, Niederlande, Belgien auch in der Korrelation der Kapitalmärkte widerspiegelt.
Die Verwirklichung der Europäischen Wirtschafts- und Währungsunion, die eine Angleichung der Volkswirtschaften in ihrer Struktur erfordert, führt zu einer Gleichschaltung der Konjunkturzyklen. Die Einhaltung der Konvergenzkriterien sowie die Schaffung einer Europäischen Zentralbank synchronisiert die Entwicklung an den Geld- sowie Rentenmärkten, wodurch die ohnehin positive Marktkorrelation an den europäischen Finanzmärkten weiter zunimmt.

Definitionen

Effizienzlinie: Linie, auf der alle effizienten Portfolios liegen, d. h. ein höherer Ertrag kann nur durch Inkaufnahme eines zusätzlichen Risikos erzielt werden.

Korrelation: Normierte Größe, die Werte zwischen +1 und –1 annehmen kann. Eine Korrelation von +1 (0 bzw. –1) bedeutet, daß sich zwei Wertpapiere gleichlaufend (unabhängig voneinander, genau entgegengesetzt) entwickeln.

Kovarianz: zeigt den Zusammenhang zwischen zwei Zeitreihen

Minimum Varianz Portfolio (Minimum Risk Portfolio): Effizientes Portfolio mit dem niedrigsten Risiko

Optimales Portfolio: Jenes Portfolio, das unter den effizienten Portfolios der Risiko-Ertragserwartung des Investors entspricht.

Standardabweichung: Wird in der modernen Portfoliotheorie als Risikomaß verwendet und mißt die Schwankungsbreite um einen Mittelwert.

Varianz: quadrierte Standardabweichung

Fußnoten

1 vgl. Fama Eugene F., Efficient capital markets: a review of theorie and empirical work, The Journal of Finance 25, May 1970, Seite 383 – 423.
2 vgl. Reilly Frank K., Investment Analysis and Portfolio Management 4th edition, 1994, S.198.
3 vgl. Maginn John L. / Tuttle Donald L., Managing Investment Portfolios, 2nd edition, 1990, 2–3f.
4 vgl. Poddig Thorsten, Analyse und Prognose von Finanzmärkten, Bad Soden Ts. 1996, S.41ff.
5 vgl. Schmidt – von Rhein Andreas, Die Moderne Portfoliotheorie im praktischen Wertpapiermanagement, Bad Soden/Ts. 1996, S.97ff.

6 Sharpe William F., Asset Allocation in: Maginn John L. / Tuttle Donald L., Managing Investment Portfolios, 2nd edition, 1990, 7–36f.

7 entnommen bei Schmidt – von Rhein Andreas, Die Moderne Portfoliotheorie im praktischen Wertpapiermanagement, Bad Soden/Ts. 1996, S.236, Abb. 4.2, in Anlehnung an Uhlir/Steiner (1994), S.164.

8 vgl. Reilly Frank K., Investment Analysis and Portfolio Management 4th edition, 1994, S.242ff.

9 siehe Dominanzprinzipien.

10 vgl. Maginn John L. / Tuttle Donald L., Managing Investment Portfolios, 2nd edition, 1990, 7-37f.

11 Poddig Thorsten, Analyse und Prognose von Finanzmärkten, Bad Soden Ts. 1996
Pindyck Robert S. / Rubinfeld Daniel L., Econometric Models & Economic Forecasts 3rd edition, 1991
Geyer L.J. Alois, Analyse und Prognose betriebs- und finanzwirtschaftlicher Zeitreihen Version 0.1, Oktober 1996.

12 entnommen bei Poddig Thorsten, Analyse und Prognose von Finanzmärkten, Bad Soden Ts. 1996, S.280, Tab. 3.2.2.2.–4.

13 Fabozzi Frank J. / Fabozzi T. Dessa, The Handbook of Fixed Income Securities 4th edition, 1995, S. 1030.

14 vgl. Fabozzi Frank J. / Fabozzi T. Dessa, The Handbook of Fixed Income Securities 4th edition, 1995, S. 1028ff.

Erarbeitung einer langfristig gültigen Vermögensstrukturierung anhand historischer Ertrags-/Risikokennzahlen (Strategische Asset-Allocation)

Andreas Müller und Gerhard Beulig

Hinweis: Dieser Ausarbeitung liegen Informationen zugrunde, die wir für verläßlich halten. Entwicklungen der Vergangenheit lassen allerdings keine verläßlichen Rückschläge auf zukünftige Entwicklungen zu.

1. Vorwort

Folgende Behauptung beschreibt die Problematik, mit der jeder Investor und Kundenberater im Wertpapiergeschäft täglich konfrontiert ist:

Ein Investor ist stets bestrebt, seinen Ertrag für sein persönliches Risikoverhalten zu maximieren. Den nicht zu realisierenden Idealfall stellt sehr hoher Ertrag ohne Risiko (Unsicherheit des Ertrags) dar.

Grundsätzlich sind alle Investoren mehr oder weniger risikoavers. Das läßt sich relativ einfach daran erkennen, daß nahezu jeder bereit ist, für diverse Risiken Versicherungen abzuschließen. Es gibt jedoch keine „Standardversicherung“, sondern je nach Grad der Risikoaversion verschiedene Möglichkeiten. Es sind verschieden hohe Versicherungssummen, Eigenbehalte usw. verfügbar. Dies läßt den Schluß zu, daß die Menschen bzw. Investoren unterschiedliches Risikoverhalten aufweisen.

Als Anlageberater steht man nun vor der schwierigen Aufgabe, herauszufinden, welcher Risikogruppe ein Investor zuzuordnen ist. Erst wenn man diese Aufgabe gelöst hat, kann man eine für den Anleger optimale Anlagestrategie definieren. Man bezeichnet diese Anlagestrategie, die im wesentlichen den Anteil verschiedener Anlageformen beinhaltet, als Assetmix bzw. als strategische Asset-Allocation.

Untersuchungen haben gezeigt, daß durch die Definition der strategischen Asset-Allocation[1] 70-90 % der zukünftigen Erträge erklärt werden können. Es ist z. B. von essentieller Bedeutung, ob in einem Portfolio Aktien zu 70 % oder zu 20 % gewichtet werden. Erst von untergeordneter Wichtigkeit ist die Entscheidung bezüglich der Auswahl von Einzeltiteln sowohl bei Anleihen als auch bei Aktien.

Gerade bei dieser grundsätzlichen Entscheidung passieren leider auch die meisten Fehler. Leider ist kaum jemand bereit, eine persönliche Strategie für die nächsten 30 Jahre zu überlegen und diese auch entgegen kurzfristigen Marktüberlegungen konsequent zu verfolgen. Die Versuchung, heute eine amerikanische Software- oder Internetaktie, morgen Optionsscheine auf den US-Dollar und danach russische Anleihen zu kaufen, ist groß. Medien, Börsengurus, denen man allzu gern vertraut, und Anlageberater, die so hohe Transaktionsspesen wie möglich generieren wollen, verwirren viele Kleinanleger. Hier gibt es oftmals Enttäuschungen, und der Betroffene verliert das Vertrauen in den Finanzmarkt.

Darum sollte sich jeder Anleger seine eigenen Gedanken über die Ziele machen, die er verfolgt, und sich nicht von kurzfristigen Spekulationsmöglichkeiten anlocken lassen, außer er verfügt über genügend „Spielgeld", dessen Totalverlust noch keine Minderung seines derzeitigen oder zukünftigen Lebensstandards auslöst.

2. Einflußfaktoren

Im nachfolgenden sollen die wichtigsten Punkte aufgezählt werden, die bei der Entscheidung für die Zusammensetzung eines Portfolios unbedingt berücksichtigt werden sollten:

- Die Bestimmung des Anlagehorizonts und der individuellen Anlegerbedürfnisse

Der Anlagehorizont stellt die wichtigste Entscheidungsgrundlage für die strategische Zusammensetzung eines Portfolios dar. Je länger dieser geplante Zeithorizont ist, desto größer sollte der Anteil von risikoreichen Veranlagungen (Aktien) sein. Es kann gezeigt werden, daß sich die Erträge von Aktienmärkten bei längeren Halteperioden stabilisieren („Time as a risk moderator").

Die Bestimmung des Anlagehorizonts stellt in keinem Fall eine einmalige Entscheidung dar. Im Zeitablauf ist die Planung natürlich zu adaptieren. Es darf nicht passieren, daß ein Investor, der beginnt, für die Pensionsvorsorge in Aktien zu veranlagen, auch in der Auszahlungsphase noch immer stark in Aktien gewichtet ist. Je kürzer der Anlagehorizont im Zeitablauf wird, desto konservativer muß die Asset-Allocation aussehen.

- Langfristige Liquiditätsplanung

In engem Zusammenhang mit dem Anlagehorizont steht naturgemäß die Liquiditätsplanung. Alle liquiden Wertpapiere sind annähernd täglich handelbar. Es kann daher aus Liquiditätssicht kaum zu Engpässen kommen. Es hat aber natürlich keinen Sinn, eine langfristige Veranlagungsstrategie aufgrund von Liquiditätsengpässen ad absurdum zu führen. Dies gilt für einen Privatanleger ebenso wie für einen institutionellen Investor.

Es hat z. B. keinen Sinn, sich das Ziel zu setzen, für die Pensionsvorsorge Aktien zu kaufen, sich jedoch nach zwei Jahren zu entscheiden, dieses Geld doch für den Kauf eines Ferienhauses in Spanien zu verwenden. In dieser kurzen Zeitspanne kann es durchaus vorkommen, einen substantiellen Verlust auf Aktieninvestments realisieren zu müssen.

- Steuerliche Überlegungen

Es fällt z. B. auf kurzfristige Spekulationsgewinne, die in der einjährigen Spekulationsfrist erzielt wurden, Einkommenssteuer an, langfristig erzielte Gewinne sind jedoch steuerfrei. Die KESt wirkt sich auf den Ertrag von Anleihen weitaus stärker aus als auf den Ertrag von Aktien. Die Dividendenrendite ist zumeist niedriger als die Kupons von Anleihen.

- Anlegerspezifische Überlegungen

Die Strategie ist natürlich auch auf die ganz persönliche Risikoeinstellung, Erfahrung etc. des Anlegers abzustimmen.

3. Hilfsmittel zur Definition der strategischen Asset-Allocation

Um eine zukünftige Strategie definieren zu können, ist es sehr hilfreich, das historische Ertrags-/Risikoprofil von einzelnen Veranlagungsformen, wie auch deren Verhalten in Kombination zu kennen.

Das Basismodell der modernen Portfoliotheorie wurde in den 50iger Jahren von Harry Markowitz entwickelt.

Markowitz zeigte, daß es mit der Berechnung der Varianz (= Standardabweichung) von Erträgen möglich ist, unter bestimmten Voraussetzungen dieses statistische Streuungsmaß zur Risikomessung heranzuziehen. Ihm gelang es, die beiden Parameter Ertrag und Risiko zu verknüpfen.

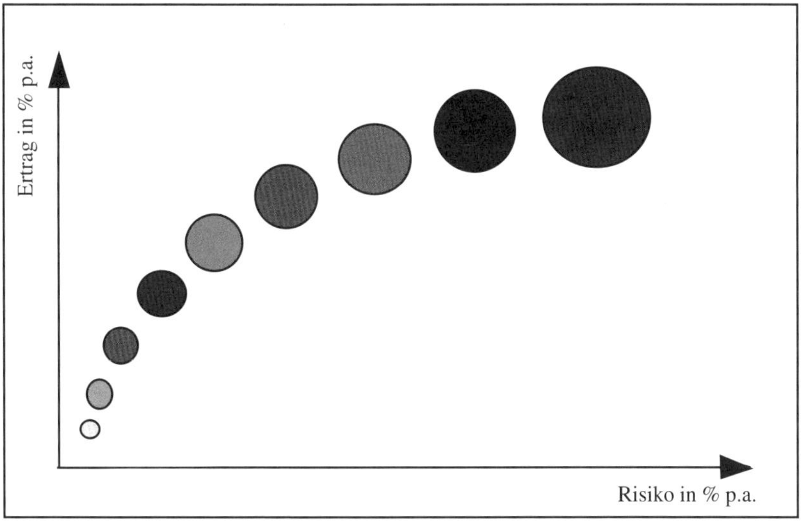

Abb 1: Allgemeines Ertrags-/Risikoprofil

Ebenso sollte es möglich sein, im Rahmen eines ausführlichen Beratungsgesprächs die individuellen Anlegerbedürfnisse anhand der Risikoaversion zu definieren.

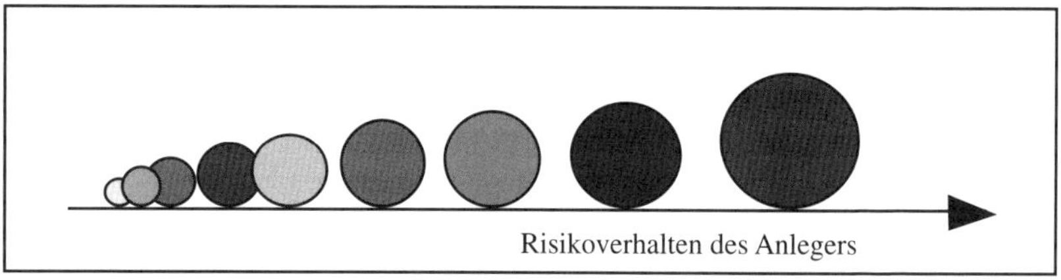

Abb. 2: Risikoprofil von Investoren

Wäre man nun in der Lage, für die verschiedensten Anlageformen das Ertrags-/Risikoprofil zu definieren und diesem das individuelle Anlegerverhalten gegenüberzustellen, ergibt sich zwangsläufig eine Deckung beider Profile.

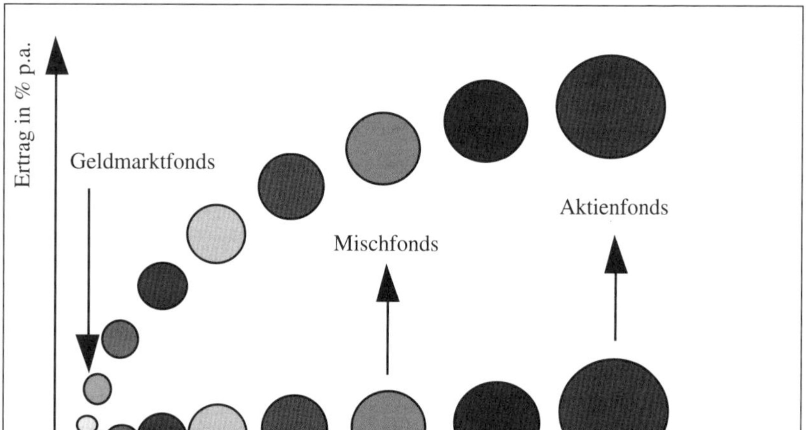

Abb. 3: Veranlagungsmöglichkeiten in Investmentfonds

Man ist somit in der Lage, eine für den Kunden maßgeschneiderte strategische Asset-Allocation festzulegen.

Der nachfolgende Artikel soll eine Unterstützung bei den wohl wichtigsten Problemstellungen einer langfristigen Portfoliosausrichtung anbieten. Die Ausarbeitungen analysieren die Charakteristika von einzelnen Asset-Klassen und Kombinationen graphisch und in tabellarischer Form aus der Sicht eines Hartwährungs- bzw. Euro-Investors. Es wurden bewußt hochspekulative Veranlagungsformen sowie Immobilien in die Untersuchung nicht aufgenommen. Hochspekulative Investments wie z. B. Futurefonds kommen nur für eine Minderheit von Kunden in Frage, hingegen haben die meisten Anleger ein überproportional hohes Vermögen in Immobilien investiert (z. B. Eigentumswohnung, Wochenendhaus, Grundstücke usw.).

Alle unsere Analysen basieren auf möglichst breit gestreuten (diversifizierten) Portfolios (sowohl bei Anleihen als auch Aktien). Bei kleinen bis mittleren Vermögen (100.000 bis 10 Mio. Schilling) kann dieser hohe Diversifizierungsgrad nur über Investmentfonds effektiv und kostengünstig erreicht werden.

3.1. Charakteristika einzelner Asset-Klassen

3.1.1. Anleihen

Im folgenden zeigen wir die historische Ertrags- und Risikosituation von Hartwährungs- und internationalen Anleihen auf. Es geht bei dieser Betrachtung hauptsächlich um folgende Fragen:

Wird ein Investor für das Halten von längerlaufenden, risikoreicheren Anleihen entlohnt und bringen internationale Anleihen, die ein höheres Risiko bedingt durch Wechselkursschwankungen aufweisen, langfristig höhere Erträge?
Wo würde in einer Betrachtung der historischen Effizienzkurve[2] ein internationales Anleiheportfolio liegen?

Eine einfache Betrachtung von Effizienzkurven kann diese Fragen insofern aufklären, da man deutlich erkennt, daß es allein durch die Auswahl eines anderen Startzeitpunktes bei der historischen Überprüfung zu sehr kontroversiellen Aussagen, was allein die Art der Lage der Effizienzkurve anbelangt, kommt.

Beginnt man 1985 (Abb. 4), wo der USD noch bei 2,50 DEM gehandelt wurde (Reagonomics), liefern Portfoliomischungen mit hoher internationaler Anleihengewichtung (dargestellt durch die G7) immer ineffiziente Portfolios gegenüber einer ausschließlichen Positionierung in deutschen Anleihen (REX).

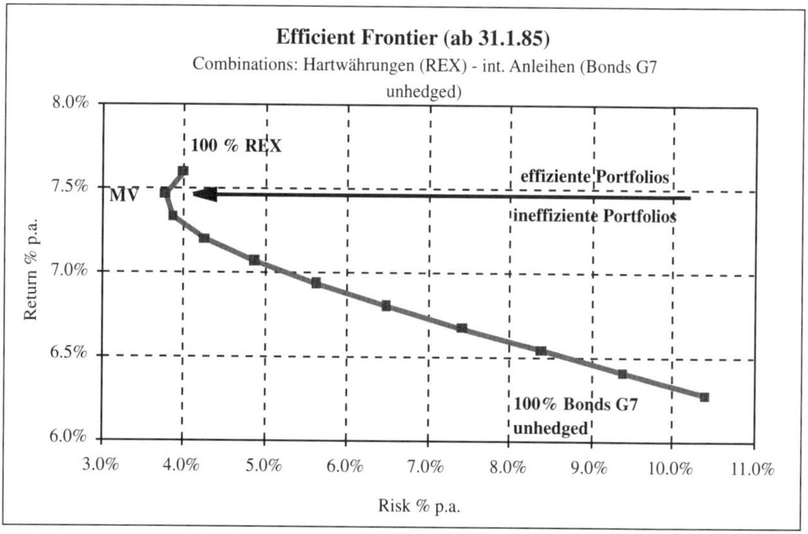

Abb. 4: Efficient Frontier (ab 31.1.85)

Führt man die gleiche Analyse ab 30.12.86 (Abb. 5) durch (USD/DEM bereits unter 2), sind Portfoliomischungen mit hoher internationaler Anleihengewichtung (dargestellt durch die G7) zwar immer effiziente Portfolios, allerdings ist der Verlauf der historischen Effizienzkurve sehr flach. D. h., daß zwar höhere Renditen mit internationaler Anleihenbeimischung in diesem Zeitintervall einen höheren Ertrag erwirtschaftet haben, jedoch das Risiko überproportional hoch war (rund 2,5 mal höher als bei deutschen Anleihen).

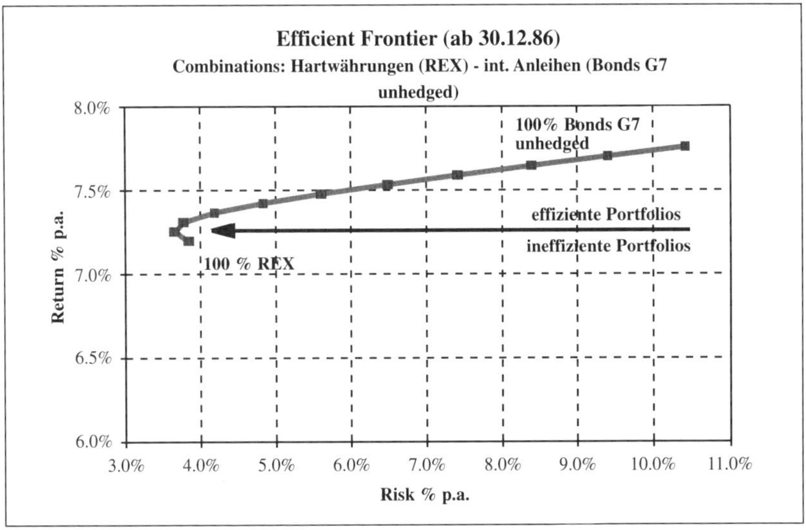

Abb. 5: Efficient Frontier (ab 30.12.86)

Die folgende Graphik (Abb. 6) zeigt die indexierte Entwicklung des REX (deutscher Anleihemarkt) im Vergleich zu einer Geldmarktveranlagung gemessen am 3-Monats-FIBOR seit Februar 1973.

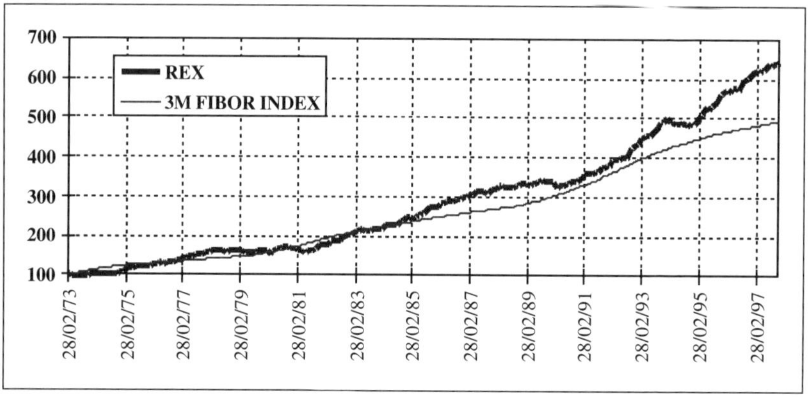

Abb. 6: REX versus FIBOR

Der Kapitalmarkt brachte höhere Erträge als der Geldmarkt, wobei ein deutlicher Unterschied erst ab Mitte der 80er Jahre zu erkennen ist.[3] Es scheint somit eine Risikoprämie für eine Veranlagung in längeren Laufzeiten zu existieren, die jedoch im Zeitablauf keineswegs stabil ist.

Die Frage nach der Risikoprämie für das Währungsrisiko soll folgende Graphik (Abb. 7) beantworten:

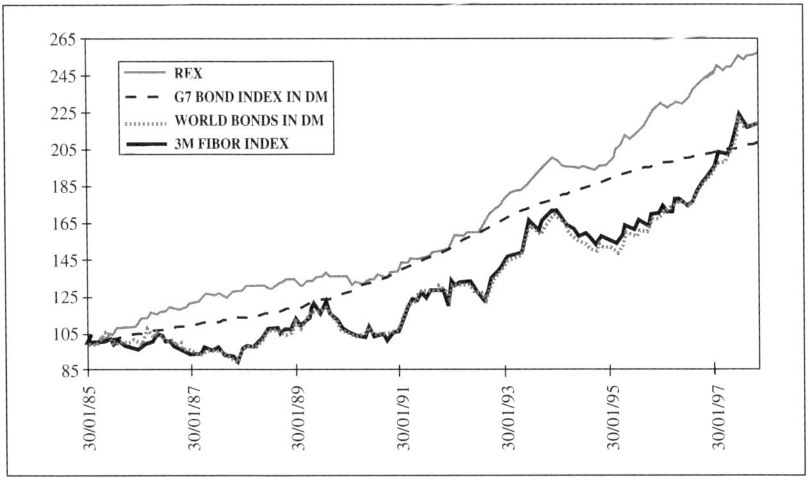

Abb. 7: REX versus FIBOR versus internationale Anleihen.

Der Zeitraum umfaßt hier die letzten zwölf Jahre (1985-1997). Die Aussage, daß eine Veranlagung über diesen Zeitraum in internationalen Anleihen keinen zusätzlichen Ertrag gegenüber Hartwährungen erbracht hat, ist hier wieder deutlich bestätigt. Das erhöhte Gesamtrisiko aufgrund der Währungsschwankungen wurde während dieser beobachteten Periode nicht entlohnt. Wählt man hingegen ein anderes Startdatum (siehe Abb. 5) besteht durchaus die Möglichkeit, mit internationalen Anleihen einen höheren Ertrag zu erzielen, jedoch ändert sich dadurch nichts an deren Risikoverhalten.

Das folgende Risk/Return Diagramm soll die Aussage nochmals verdeutlichen:

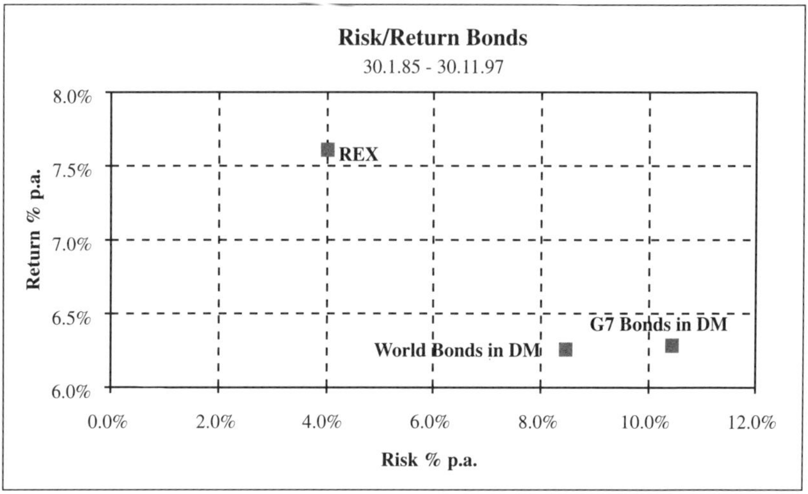

Abb. 8: Risk/Return Diagramm Bonds (30.1.85-30.11.97)

Beide internationalen Portfolios (Weltanleihen bzw. Anleihen der G7-Länder) werden in Abbildung 8 deutlich vom Hartwährungsportfolio dominiert. Im vorliegenden Testzeitraum wurden mit deutschen Renten höhere Erträge bei wesentlich niedrigerem Risiko erwirtschaftet.

Nachfolgend sind die Ergebnisse in Ertragszahlen pro Jahr zu finden (REX seit 1976 und seit 1985):

Index	REX	REX	GT in DM	3M-FIBOR
Startdatum	30. 7. 76	30. 1. 85	30. 1. 85	30. 1. 85
Testzeitraum in Jahren	21,33	12,92	12,92	12,92
Risk % p.a.	3,95	3,99	10,41	0,62
Return % p.a.	7,78	7,59	6,27	5,87

Tab.1: Historische Ertragszahlen Quelle: Datastream

Rollierende Perioden:

Unter rollierenden Perioden versteht man die Betrachtung jeder einzelnen Subperiode im Betrachtungszeitraum[4]. Diese Betrachtungsweise hat ihren Sinn darin, Risiko und Renditecharakteristika für kurze Halteperioden herauszufinden und daraus zu empfehlende Mindesthalteperioden abzuleiten.

Die folgenden Graphiken zeigen die Ergebnisse der Anleihemärkte für 1-, 3- und 5jährige rollierende Perioden sowohl für den deutschen wie auch internationalen (G7) Anleihemarkt.

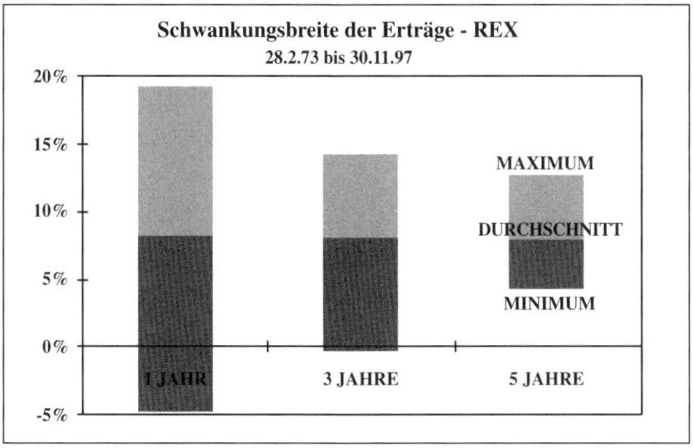

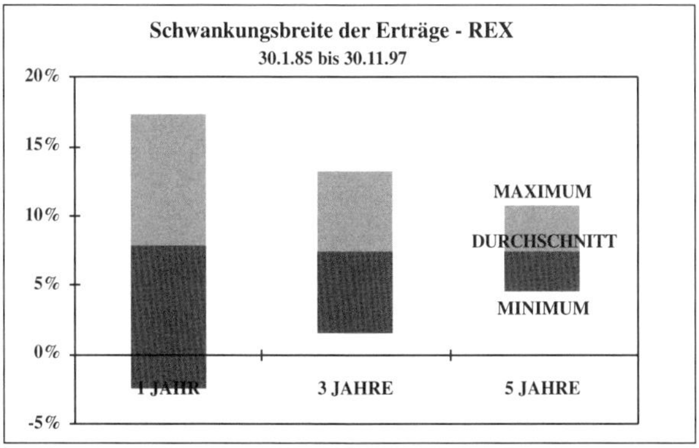

Abb. 9, 10: Rollierende Perioden Anleihen

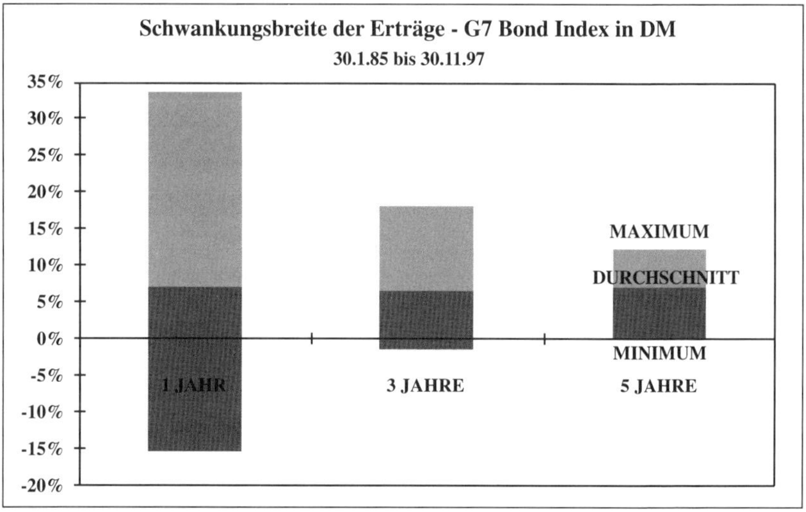

Abb. 11: Rollierende Perioden Anleihen

Selbst mit deutschen Anleihen war bei 1jährigen Halteperioden in einem Fall ein Verlust von 4,8 % p.a. (Tab. 2 + 3) zu verzeichnen. Der maximale Ertrag lag hier bei über 19 % p. a. Bei längeren Perioden laufen die Extremwerte näher zum Mittelwert, der sich in der Periode 1973-1997 um 8 % p. a., in der Periode 1985-1997 bei ca. 7,5 % p. a. bewegt. Selbst bei einer 3jährigen Halteperiode kam es bedingt durch die Ölkrisen in den 70er Jahren zu einem Verlust von -0,43 % p. a. (Tab. 2).

Das Risiko – gemessen an der Standardabweichung der Erträge (Tab. 2 + 3) – verringerte sich von 5,6 % (1 Jahr) auf 2,12 % (5 Jahre).

Internationale Anleihen gemessen am G7 Bond Index (Tab. 4) verzeichneten im Durchschnitt Erträge von ca. 6,6 % p. a., also deutlich unter deutschen Anleihen, bei einer Schwankungsbreite bei 1jährigen Perioden von -15,4 bzw. +33,6% p. a. In der schlechtesten 3jährigen Periode wurde ein Minus von -1,51 % p. a., in der schlechtesten 5-Jahres-Periode ein mageres Plus von 0,12 % p. a. erzielt.

Das Risiko verringerte sich massiv von 10,9 % (1 Jahr) auf 3 % (5 Jahre), ist allerdings noch immer um rund 50 % höher als das Risiko von DEM-Renten.

REX-Index in DM (28. 2. 73 – 30. 11. 97):

	1 Jahr	3 Jahre	5 Jahre
Mittelwert p.a.	8,20%	8,05%	7,85%
Maximum	19,24%	14,23%	12,62%
Minimum	–4,79%	–0,43%	4,19%
Risiko	5,58%	3,32%	2,12%
Perioden mit Verlust in %	8,36%	0,38%	0,00%

Tab. 2: Historische Kennzahlen – REX ab 73

REX-Index in DM (30. 1. 85 – 30. 11. 97):

	1 Jahr	3 Jahre	5 Jahre
Mittelwert p.a.	7,78%	7,32%	7,38%
Maximum	17,31%	13,17%	10,69%
Minimum	–2,51%	1,47%	4,46%
Risiko	4,83%	2,89%	2,00%
Perioden mit Verlust in %	8,39%	0,00%	0,00%

Tab. 3: Historische Kennzahlen – REX ab 85

G7 Bond-Index in DM (30. 1. 85 – 30. 11. 97):

	1 Jahr	3 Jahre	5 Jahre
Mittelwert p.a.	6,87%	6,49%	6,83%
Maximum	33,58%	18,13%	12,28%
Minimum	–15,36%	–1,51%	0,12%
Risiko	10,88%	4,26%	3,00%
Perioden mit Verlust in %	30,52%	5,04%	0,00%

Tab. 4: Historische Kennzahlen – REX ab 85

Ein Teil des höheren Risikos kommt bei internationalen Veranlagungen naturgemäß aus der Währungsschwankung. Wie hoch der Anteil des Wechselkursrisikos tatsächlich ist, soll Abb. 12 erklären:

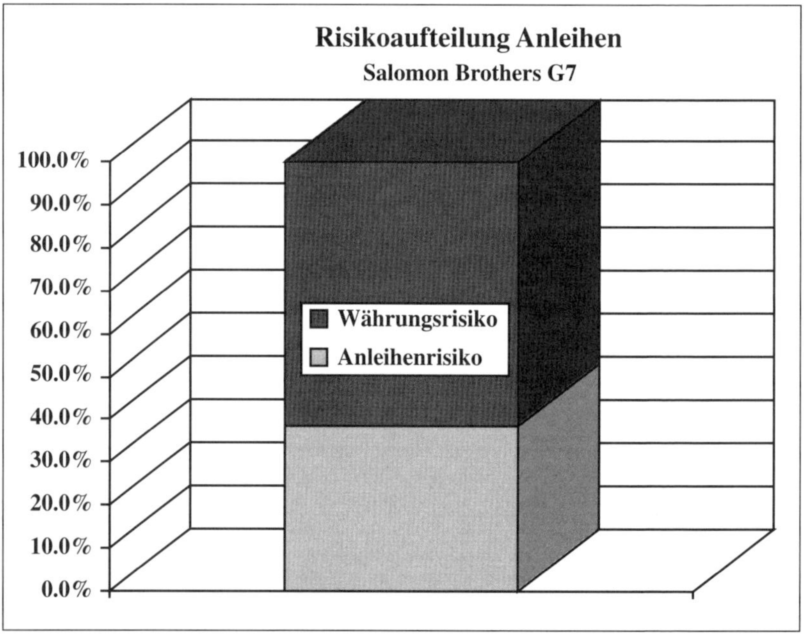

Abb. 12: Risikoaufteilung Anleihen

Es wird deutlich, daß der Großteil des gesamten Risikos aus dem Währungsrisiko resultiert (ca. 2/3). Aus den Performanceanalysen[5] der Vergangenheit geht hervor, daß dieses Risiko nicht annähernd durch höheren Ertrag abgegolten wurde.

3.1.2 Zusammenfassung Anleihen

- Bei internationalen Anleihen wird deutlich, daß der Großteil des gesamten Risikos aus dem Währungsrisiko resultiert (ca. 2/3). Aus den Performanceanalysen der Vergangenheit geht hervor, daß dieses Risiko nicht annähernd durch höheren Ertrag abgegolten wurde. Internationale Anleihen weisen im Vergleich zu Hartwährungsanleihen, gleichgültig welche Zeitperiode man betrachtet, bei jährlicher Betrachtung ein rund 2-2,5 mal so hohes Risiko auf.

- Besonders Personen, die ihren ordentlichen Wohnsitz in Österreich (Europa) haben, sollten ausgehend von diesen Erkenntnissen aus strategischen Überlegungen ein Anleihenportfolio, das von Hartwährungen (bzw. Euro) dominiert wird, oder ein zum Großteil währungsgehedgtes internationales Portfolio halten. Eine maximal 20%ige strategische Beimischung internationaler Anleihen (ungehedged) kann durchaus zu Diversifikationszwecken in Erwägung gezogen werden.

- Selbst mit deutschen Anleihen war in der Vergangenheit bei 1jährigen Halteperioden in einem Fall ein Verlust von –4,8 % p. a. zu verzeichnen. Selbst bei einer 3jährigen Halteperiode kam es bedingt durch die Ölkrisen in den 70er Jahren zu einem Verlust von –0,43 % p. a. Dies ist insofern von besonderer Bedeutung, da viele Kunden immer noch glauben, daß Anleihen als risikolose Veranlagung zu betrachten sind.

3.1.3. Aktien

Analog zur Vorgehensweise bei Anleihen wurden auch für internationale Aktienmärkte historische Vergleiche angestellt. Wir haben uns hier auf bestimmte Regionen konzentriert, es wurden keine einzelnen Länder betrachtet.[6]

Die nachfolgenden Graphiken zeigen die Erträge verschiedener Regionen in DEM seit 1973:

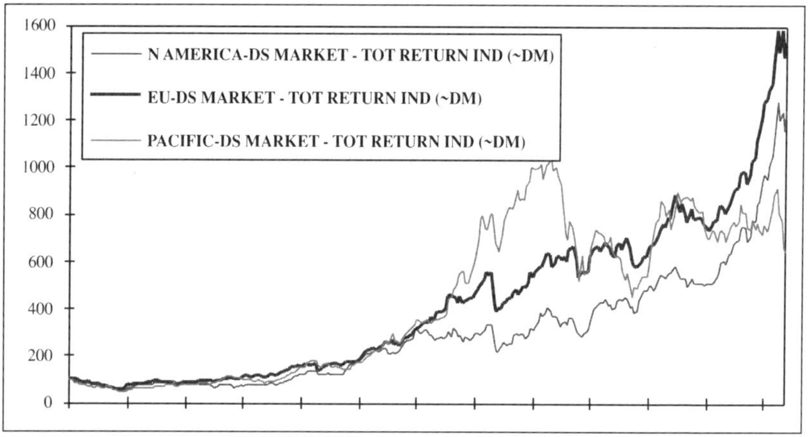

Abb. 13: Aktienperformance verschiedener Regionen (Total Return in DM)

In Basiswährung DEM brachte der europäische Markt bis dato den höchsten Ertrag, gefolgt von Nordamerika – das vom schwächeren Dollar getroffen wurde – und dem pazifischen Raum, der besonders in den letzten Jahren die anderen Märkte underperformte.

Bei der Betrachtung des Weltaktienmarktes und der G7-Länder wird deutlich, daß die großkapitalisierten Märkte den gesamten Weltmarkt permanent outperformt haben.

In einem Risk/Return-Diagramm (Abb. 14) werden die Positionen der einzelnen Regionen und der Diversifikationseffekt noch deutlicher:

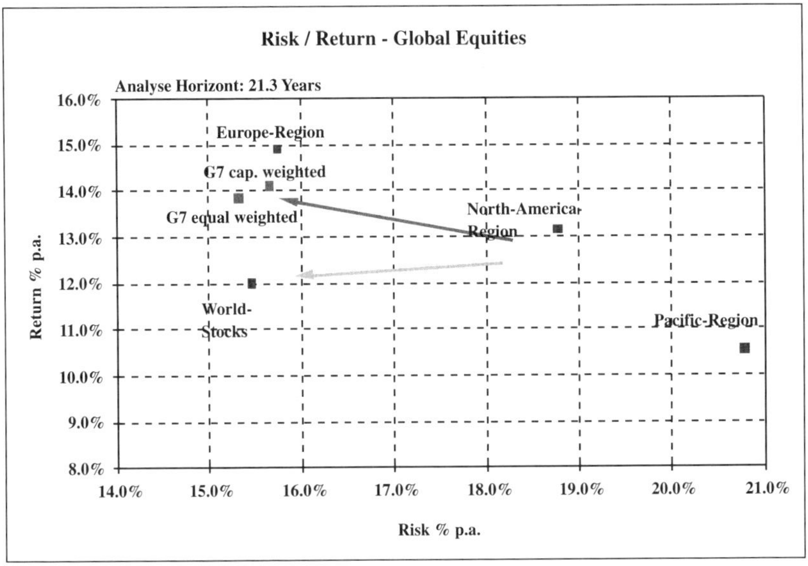

Abb. 14: Risk/Return-Diagramm Aktien

Die europäische Region insgesamt hat den höchsten Ertrag gebracht. Knapp dahinter die G7-Länder sowohl kapitalisierungs- als auch gleichgewichtet. Weltaktien lagen zwar im selben Risikobereich, der Ertrag lag jedoch deutlich unter Europa bzw. G7. Nordamerika brachte einen geringeren Ertrag als Europa, aber mehr als der Weltaktienmarkt bei jedoch deutlich höherem Risiko. Die pazifische Region wurde von jedem anderen Portfolio dominiert, brachte den niedrigsten Ertrag bei höchstem Risiko.

Nachfolgend ist die Risk/Return-Betrachtung nochmals in Zahlen zu finden:

Index	G7 cap. weighed	North-America	Europe	Pacific
Startdatum	30. 7. 76	30. 7. 76	30. 7. 76	30. 7. 76
Testzeitraum in Jahren	21,33	21,33	21,33	21,33
Risk % p.a.	15,76	18,78	15,76	20,79
Return % p.a.	14,10	13,14	14,90	10,53

Tab. 5: Historische Kennzahlen – Aktien ab 76 Quelle: Datastream

Diese historische Analyse stellt natürlich nur eine Momentaufnahme dar und kann besonders bei den regionalen Unterschieden in der Zukunft zu abweichenden Ergebnissen führen. Bei gut diversifizierten (globalen) Aktienportfolios sind diese unterschiedlichen Entwicklungen im langfristigen Bereich von untergeordneter Bedeutung.

Rollierende Perioden:

Nach der bei Anleihen angewandten Methode wurden auch für die Aktienmärkte rollierende Perioden gerechnet. Es wurden wiederum Erträge in DEM herangezogen. Graphisch wieder sehr gut zu erkennen ist das Zusammenlaufen der Minimum- und Maximumerträge zum Mittelwert bei steigender Behaltedauer. Die Range ist wie erwartet natürlich weitaus breiter als bei Anleiheveranlagungen. So lagen die Extremwerte bei einer 1jährigen Halteperiode bei –34,4 % und +64,8%. Nachfolgend die Schwankungsbreite der Erträge bei 1-, 3- und 5jährigen Halteperioden für kapitalisierungsgewichtete Veranlagung in den G7-Ländern:

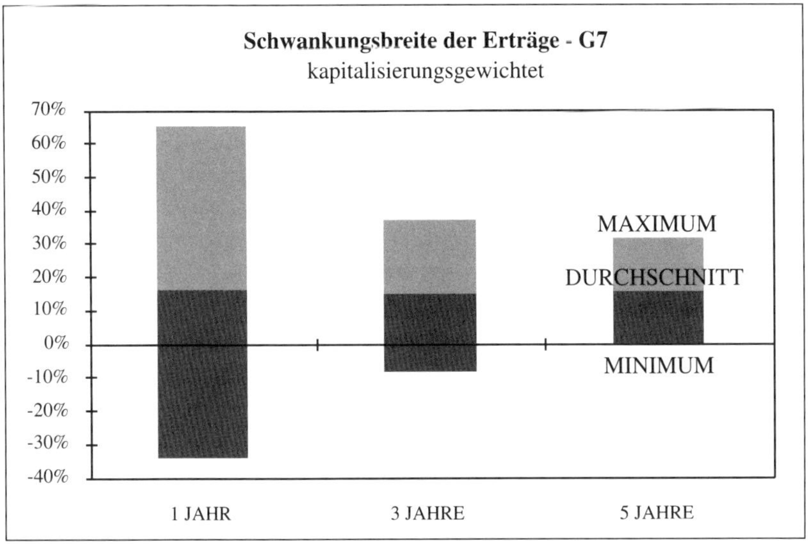

Abb. 15: Rollierende Perioden Aktien

Die nachfolgenden Tabellen (6 und 7) zeigen die durchschnittlichen Erträge p. a., den Maximumertrag, Minimumertrag, das Risiko gemessen an der Standardabweichung der Erträge und die Perioden mit Verlust in % für Weltaktien und die G7. Die Testperiode erstreckt sich von 1976 bis 1997:

Weltaktien (30.7.76 – 30.11.97)

	1 Jahr	3 Jahre	5 Jahre
Mittelwert p.a.	12,01%	11,14%	11,44%
Maximum	62,54%	33,50%	27,60%
Minimum	–34,04%	–10,00%	–6,90%
Risiko	20,01%	9,00%	7,50%
Perioden mit Verlust in %	28,57%	9,13%	3,77%

Tab. 6: Historische Kennzahlen – Weltaktien ab 76

G7 capitalization weighted (30.7.76-30.11.97)

	1 Jahr	3 Jahre	5 Jahre
Mittelwert p.a.	16,04%	14,85%	15,21%
Maximum	64,79%	36,59%	31,33%
Minimum	−34,41%	−8,33%	−0,72%
Risiko	19,42%	9,92%	8,22%
Perioden mit Verlust in %	21,63%	5,88%	1,02%

Tab. 7: Historische Kennzahlen – G7 cap. weighted ab 76

Wie auch bei internationalen Anleiheinvestments stellt sich natürlich die Frage, wie hoch der Anteil des Fremdwährungsrisikos am Gesamtrisiko ist. Zu diesem Zweck haben wir die Länder USA, Japan, United Kingdom und die G7-Länder einer genaueren Analyse unterzogen.

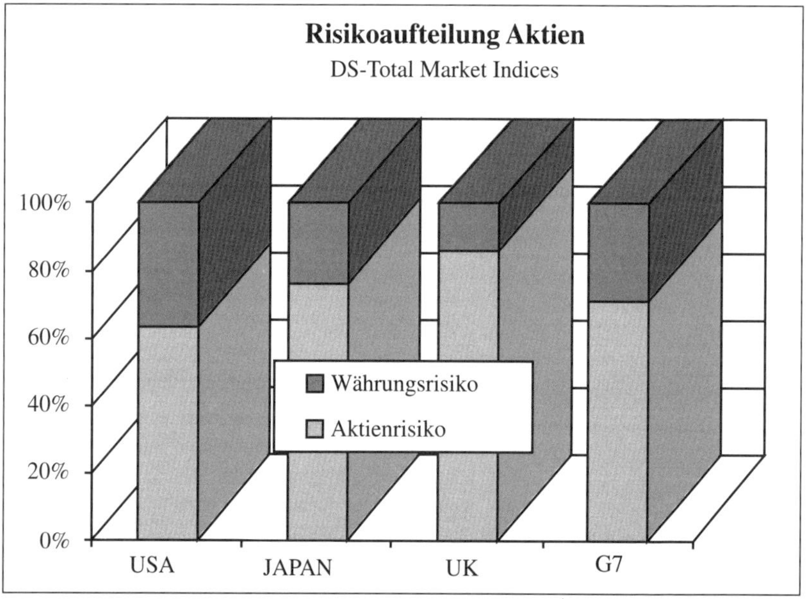

Abb. 16: Risikoaufteilung Aktien

Das Währungsrisiko hat in den USA den größten Anteil (mit etwa 1/3), gefolgt von den G7-Ländern (etwa 14) – bedingt durch den kapitalisierungsbedingt hohen USA-Anteil –, danach Japan und zuguterletzt das UK, wo der Anteil des Währungsrisikos interessanterweise nur etwa 10 % beträgt. Der niedrige Wert bei englischen Aktien ist anscheinend durch die engere Verflechtung der englischen Wirtschaft mit der kontinentaleuropäischen bedingt (im Vergleich zu den USA oder Japan).

3.1.4. Zusammenfassung Aktien

- Aktienveranlagungen haben über einen längeren Horizont bei höherem Risiko auch höhere Erträge als Anleihen erwirtschaftet.

- Der Anlagehorizont sollte bei mindestens 5 Jahren liegen. Selbst hier ist aus historischer Sicht das Erreichen des Durchschnittsertrags nicht sicher. Es gab sogar eine Periode mit Verlust (–1 %).

- Unter den entwickelten Aktienmärkten konnten in den letzen 20 Jahren die G7-Länder den Rest der Welt bei ähnlichem Risikoverhalten outperformen („the rich get richer").

- Der Anteil des Währungsrisikos am Gesamtrisiko liegt bei etwa 25 %, ein permanenter Währungshedge erscheint somit im Gegensatz zu Anleihen aus strategischer Sicht nicht notwendig.

3.2. Charakteristika von Asset-Klassen-Kombinationen

Es gibt jedoch wenige Anleger, die isoliert nur in Aktien bzw. Anleihen investieren. Es ist somit sehr interessant zu wissen, wie sich die Kombination von internationalen Aktien mit Anleihen historisch verhalten hat.

Wir haben zu diesem Zweck ausgehend von den Schlußfolgerungen über die isolierten Asset-Klassen DM-Anleihen mit einem kapitalisierungsgewichteten G7-Aktienportfolio kombiniert und wieder einer historischen Analyse unterzogen.

Bei dieser Betrachtung haben wir 3 Kombinationen herangezogen:

- 90 % DM-Anleihen – 10 % internationale Aktien (90/10)
- 70 % DM-Anleihen – 30 % internationale Aktien (70/30)
- 50 % DM-Anleihen – 50 % internationale Aktien (50/50)

Abbildung 17 zeigt graphisch die Entwicklung dieser Portfolios im Vergleich zu einer reinen Anleihen- bzw. Aktienveranlagung seit Juli 1976.

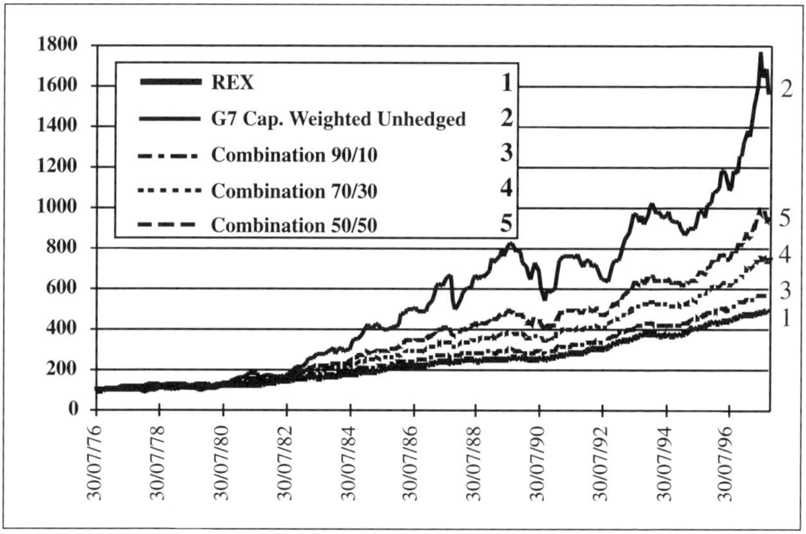

Abb. 17: Performanceentwicklungen

Wie schon aus den vorangegangenen Performancezahlen zu erwarten war, liegen die 3 Portfolios zwischen beiden Extremen. Durch die relativ defensive Aktiengewichtung naturgemäß näher bei DM-Anleihen.

Diese Zahlen, umgelegt in ein Risk/Return-Diagramm, zeigt folgende Abbildung.

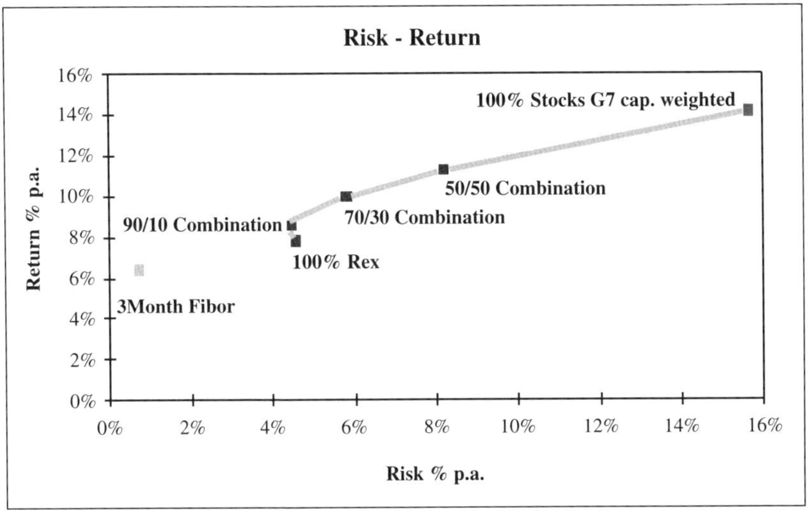

Abb. 18: Risk/Return-Kombinationen

Der REX-Index brachte einen höheren Ertrag als der Geldmarkt gemessen am 3-Monats-FIBOR. Es existiert demnach eine positive Risikoprämie für Laufzeitverlängerungen am Anleihemarkt. Eine Kombination von 90/10 hatte sogar einen höheren Ertrag bei einem geringeren Risiko als der Anleihenmarkt.

In der nachfolgenden Tabelle sind die genauen Zahlen für die verschiedenen Testportfolios seit Juli 1976 zu sehen.

Index	REX	90/10 Kombination	70/30 Kombination	50/50 Kombination	G7 cap. Kombination
Startdatum	30. 7. 76	30. 7. 76	30. 7. 76	30. 7. 76	30. 7. 76
Testzeitraum in Jahren	21,33	21,33	21,33	21,33	21,33
Risk % p.a.	4,59%	4,50%	5,82%	8,23%	15,67%
Return % p.a.	7,78%	8,51%	9,93%	11,24%	14,10%

Tab. 8: Historische Kennzahlen – Kombination

Rollierende Perioden:

Um den Effekt von Aktien/Anleihen-Kombinationen für diverse Halteperioden in der Vergangenheit zu kennen, wurden wiederum 1-, 3- und 5-Jahres-Perioden getestet. Der Effekt der Aktienbeimischung ist deutlich zu erkennen. Während es bei reinen Anleiheveranlagungen noch in 3jährigen Perioden zu einem Verlust gekommen ist, kam es sogar bei einer 30%igen Aktienbeimischung zu keinen Verlusten mehr. Der durchschnittliche Ertrag wurde jedoch deutlich erhöht.

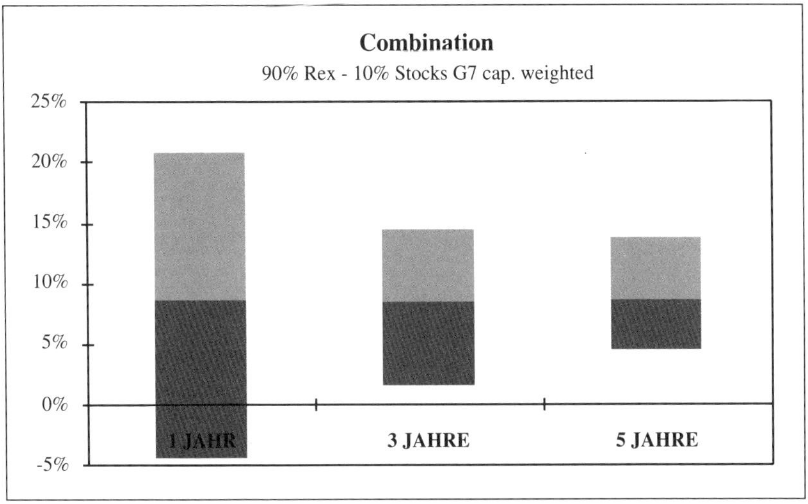

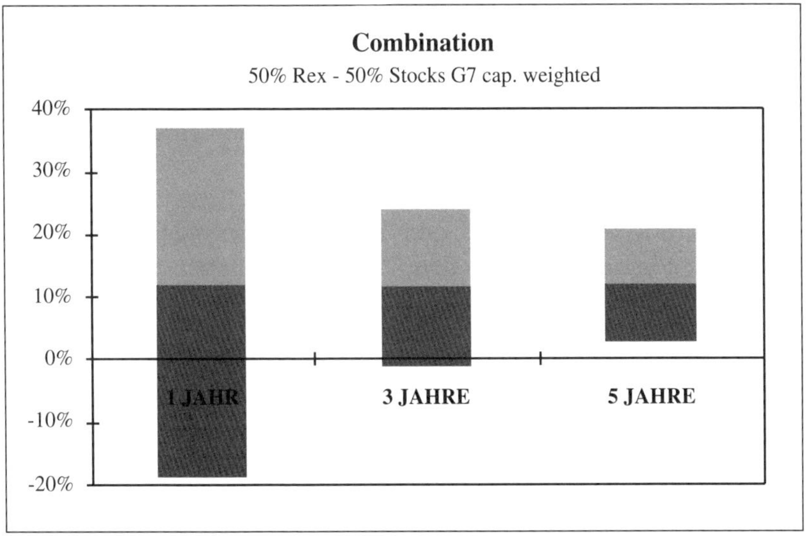

Abb. 19, 20: Effekt der Aktienmischung

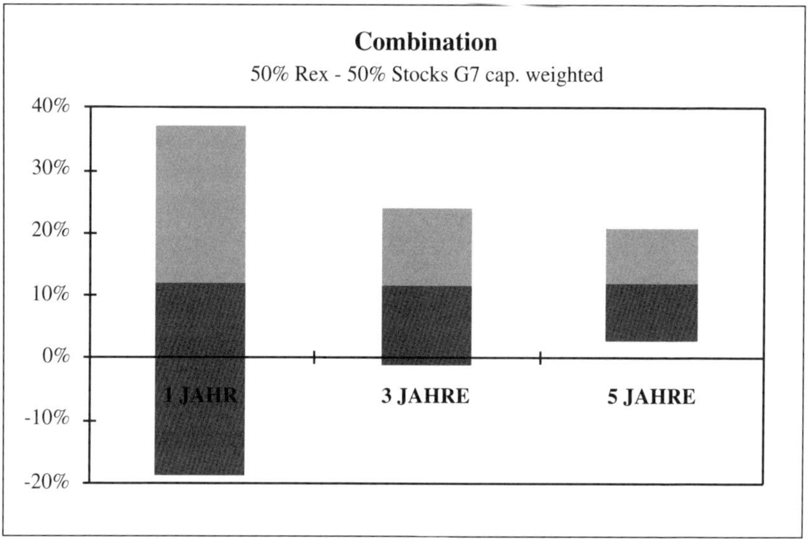

Abb. 21: Rollierende Perioden Kombinationen

3.2.1 Zusammenfassung von Asset-Klassen-Kombinationen

- Für Anleger, die an höheren Erträgen, bei moderatem Anstieg des Risikos, interessiert sind, bieten sich die verschiedensten Kombinationsmöglichkeiten zwischen Anleihen und Aktien an. Unter Einbeziehung des jeweiligen Anlagehorizonts kann man weiters erkennen, daß das Aktienrisiko im Laufe der Zeit abnimmt („time is a risk moderator"). Der Anlagehorizont hat also wesentlichen Einfluß auf die strategische Asset Allocation, d. h. auf die Positionierung auf der historischen Effizienzkurve.

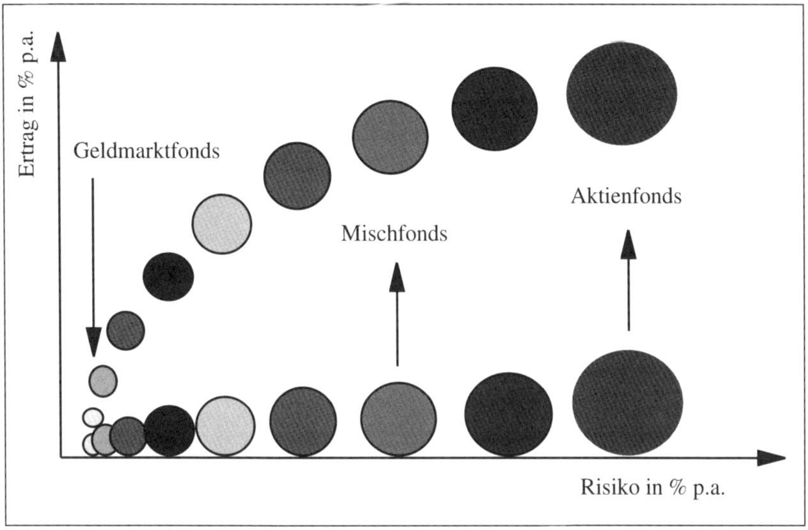

Abb. 22: Veranlagungsmöglichkeiten, z. B. verschiedene Investmentfonds

- Im Zuge der letzten Investmentfondsnovelle hat der österreichische Gesetzgeber eine neue Fondskategorie geschaffen, „die „Pensionsinvestmentfonds". Mit diesem Fonds sollen die Österreicher zur langfristigen (privaten) Pensionsvorsorge bewegt werden. Dabei schreibt der Gesetzgeber eine Mindestquote von 30 % Aktien vor, dies wäre also durchaus mit unserer 70/30 Kombination zu vergleichen.

Fußnoten

1 Brinson, Hood, Beebower; „Determinants of Portfolio Performance", Financial Analysts Journal, July–Aug. 1986.

2 Effizienzkurve: Beschreibt formal den Zusammenhang zwischen Ertrag und Risiko verschiedener möglicher Portfolios. Es sind grundsätzlich unendlich viele Effizienzkurven möglich, da man ja auch verschiedenste Anlageformen (Geldmarkt, österreichische Anleihen, Fremdwährungsanleihen, int. Aktien, Futurefonds, Rohstoffe, Immobilien usw.) miteinander kombinieren kann. Allerdings ergibt sich immer ein von der Form her ähnlicher Verlauf – höherer Ertrag ist immer mit einem höheren Risiko verbunden.

3 Die 70er Jahre waren aufgrund der Ölkrisen durch sehr hohe kurzfristige Zinssätze – zum Teil inverse Zinskurven – gekennzeichnet.

4 Es werden alle 1-Jahres-Perioden innerhalb der Gesamtperiode betrachtet, z.B. 01/89 – 01/90, 02/89 – 02/90 usw. Es wurden demnach alle Ergebnisse eines Anlegers berücksichtigt, der zu einem beliebigen Zeitpunkt eine Veranlagung über eine 1-Jahres-Periode getätigt hat.

5 Fisher Black; „Universal Hedging: How to Optimize Currency Risk and Reward in International Equity Portfolios"; Financial Analysts Journal, July/August 1989.

6 Wir sind bei der Aktienveranlagung nur von Indexwerten – konkret Datastream Total Return Indizes – ausgegangen. Dies impliziert eine sehr breite Streuung (Diversifikation) auf Einzeltitelebene. Ausgezahlte Dividenden werden bei diesen Indizes sofort reinvestiert.

Management-Stile: Möglichkeiten im Rahmen der taktischen Asset-Allocation

Andreas Müller und Gerhard Beulig

1. Einleitung

Die Performance eines Investments ist grundsätzlich immer von zwei Entscheidungen geprägt:

1. Welchen langfristigen Mix aus Anleihen, Aktien, Immobilien usw. wählt man. In diesem Zusammenhang spricht man von der Festlegung der strategischen Asset-Allocation oder vom strategischen Investmentprozeß. Diese Entscheidung hat den größten Einfluß (rund 70 bis 90 %) auf die Performance eines Portfolios.

2. Den zweiten Schritt stellt die sogenannte taktische Asset-Allocation dar. Wie der Name andeutet, geht es dabei, anders als bei der strategischen Asset-Allocation, um relativ kurzfristige Veranlagungsentscheidungen. In diesem Bereich werden Entscheidungen bezüglich der Attraktivität einzelner Aktien, Währungen und Anleihen getroffen, ohne jedoch das langfristige Anlageziel aus den Augen zu verlieren.

Zur Illustration die Interaktion zwischen strategischem und taktischem Investmentprozeß:

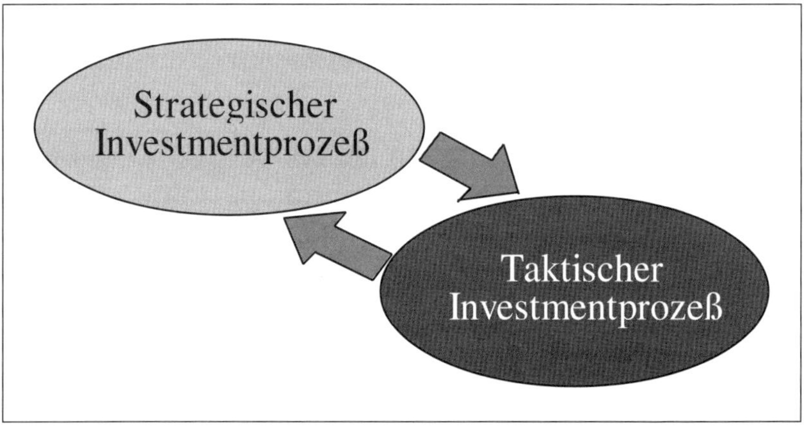

Im weiteren Text wird der Begriff „Benchmark“ für die Zusammensetzung der langfristigen Anlagestrategie verwendet. Jede Entscheidung aus dem taktischen Investmentprozeß sollte das Ergebnis, das mit der Benchmark erzielt worden wäre, verbessern.

2. Entscheidungsmöglichkeiten im Rahmen der taktischen Asset-Allocation

Im folgenden sollen die Entscheidungen, die der aktive Vermögensverwalter zu treffen hat, näher beleuchtet werden. Ebenso das zur Verfügung stehende Instrumentarium.

2.1. Asset-Allocation

Grundsätzlich stehen im Wertpapierbereich drei Asset-Klassen zur Verfügung:

- Aktien
- Anleihen
- Cash (Geldmarktveranlagung)

Eine grundsätzliche Entscheidung wurde bereits im strategischen Teil getroffen, im taktischen Teil kann jedoch eine „Feinsteuerung“ vorgenommen werden.

So kann z. B. in der langfristigen Planung ein Aktienanteil von 60 % vereinbart worden sein, der Vermögensverwalter ist jedoch der Meinung, diesen Anteil kurzfristig auf 40 % zu vermindern bzw. auf 80 % zu erhöhen. Ist seine Einschätzung richtig, wird diese Strategie besser performen als der statische Anteil von 60 %.

Ist der Verwalter pessimistisch auf Aktien und Anleihen, wird er eine Veranlagung am Geldmarkt Aktien- oder Anleiheveranlagungen vorziehen.

Eine weitere grundsätzliche Entscheidung ist die Ländergewichtung (bei international gestreuten Portfolios). Dies ist die zweitwichtigste Entscheidung nach der Asset-Klassen Gewichtung. Die ausgeprägten Unterschiede in der Währungskursentwickung wie auch der unterschiedlichen Performance einzelner Aktien- bzw. Anleihemärkte bieten hier ausgesprochen große Chancen.

2.2. Möglichkeiten bei einzelnen Asset-Klassen

2.2.1. Aktien

- Ländergewichtung: z. B. Übergewichtung von europäischen Aktien gegenüber USA bzw. Japan/Asien, auch unter Berücksichtigung der Währungsentwicklung.
- Market-Timing: kurzfristige Reduktion bzw. Erhöhung des Aktienanteils gesamt oder in verschiedenen Ländern.
- Branchengewichtungen: z. B. Übergewichtung von Software-/Hardwareerzeugern, Untergewichtung von Ölaktien.
- Einzeltitelselektion: Auswahl einzelner Aktien aufgrund von fundamentalen, technischen oder qualitativen Kriterien.

2.2.2. Anleihen

- Durationentscheidung
  Die Duration ist die aussagekräftigste Kennzahl, wie eine Anleihe auf Zinsänderungen reagiert. Grob gesprochen fällt/steigt eine Anleihe mit Duration von 4 bei einer Steigerung/Reduktion der Renditen um 1 % um 4 %. Je nach erwarteter Richtung der Renditen wird das Portfolio mit höherer oder geringerer Duration ausgerichtet.
- Laufzeitengewichtung
  Die Renditen steigen oder fallen nicht in gleichem Ausmaß in allen Laufzeiten. Es gilt sich dort zu positionieren, wo der erwartete „total return“ (Kupons + Kursänderung) am höchsten ist.

- Währungsentscheidung
  Bei internationalen Anleiheportfolios ist die Länder-/Währungsentscheidung die wichtigste. Währungskurse verändern sich sehr viel stärker als Anleihenpreise.

Als „sicherer Hafen" bietet sich die Veranlagung am Geldmarkt an, wobei bemerkt werden muß, daß eine Untergewichtung von Aktien als sehr gefährlich eingestuft werden sollte. In historischen Tests hat es sich als oft sehr verhängnisvoll herausgestellt, Aktienpositionen abzusichern bzw. Aktienanteile zu reduzieren. Die Wahrscheinlichkeit, hier eine schlechte Entscheidung zu treffen, ist relativ groß.

3. Ansätze im taktischen Investmentprozeß

Welche Möglichkeiten gibt es nun konkret, taktische Entscheidungen zu fällen? Die folgende Graphik soll verschiedene Ansätze verdeutlichen.

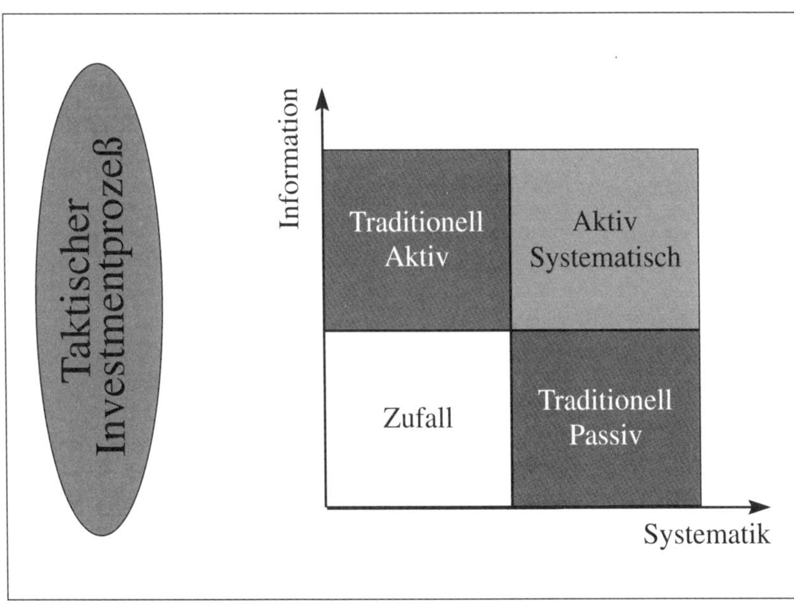

Auf den Achsen sind Höhe des Informationsstandes und zugrundeliegende Systematik des Ansatzes vertreten.

Den mit Abstand schlechtesten Ansatz haben wir mit „Zufall" tituliert. Ein Anleger besitzt wenig Information (ev. auch zeitverzögert) und arbeitet mit wenig Systematik, d. h. er hat sich kein Regelwerk zurechtgelegt, auf dessen Basis er nachvollziehbare Entscheidungen trifft. Das Ergebnis sind zufällige Entscheidungen, die manchmal gut, manchmal schlecht sind. Die Kurse können sich nur nach oben oder unten bewegen! Im langfristigen Vergleich kann dieser Anleger jedoch nur unterdurchschnittliche Ergebnisse erzielen.

Ein in Europa noch wenig bekannter Ansatz ist der „traditionell passive". Hier wird erst gar nicht versucht, durch taktische Entscheidungen eine Ertragsverbesserung herbeizuführen, sondern es wird versucht, Indizes (Dow Jones, S&P 500, Nikkei 225, DAX, ATX etc.) abzubilden, d. h. exakt diese Performance zu erreichen. Die Meinung des Managers über den Markt fließt hier in keiner Weise in die Investmententscheidung ein. In den USA findet dieser Ansatz immer breitere Zustimmung, da die Erfahrung zeigt, daß relativ wenige Fondsmanager, Vermögensverwalter etc. imstande sind, die Performance von breiten Marktindizes zu schlagen. Etwa 25 % aller Wertpapierveranlagungen werden in den USA mittels passivem Management verwaltet.

Die folgende Graphik soll die Möglichkeiten illustrieren, die bestehen, um einen Index möglichst getreu nachzubilden.

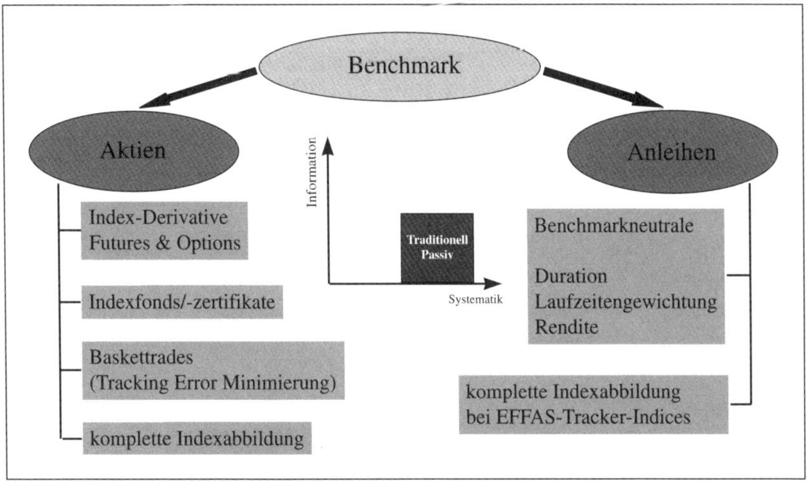

Der „traditionell aktive“ Stil ist der wahrscheinlich am meisten verbreitetste. In diesem Fall entscheiden Leute, die zwar über sekündlich aktualisierte Informationen verfügen, diese jedoch nicht systematisch verarbeiten. Sie laufen meist der breiten Masse hinterher und versuchen, sehr kurzfristig hohe Gewinne zu erzielen. Dieser Ansatz erscheint zwar besser als „Zufall“ kann aber auf lange Sicht dennoch nicht zum gewünschten Erfolg führen.

Der unserer Meinung nach zielführendste Stil ist der „aktiv systematische“. Hier werden Informationen, die am Markt verfügbar sind, gefiltert und nachvollziehbar in Portfolios umgesetzt, d. h. konkret, daß ein Aktienportfolio z. B. nach den Kriterien:

- niedriges Kurs-/Gewinn-Verhältnis,
- niedriges Kurs-/Buchwert-Verhältnis,
- hohe Dividendenrendite,
- stabile (wenig volatile) Gewinne

zusammengestellt wird. Es wird darauf verzichtet, den Kaufempfehlungen großer Investmentbanken zu folgen oder Aktien, die „in

Mode" sind, zu kaufen. Das Ergebnis ist ein Aktienportfolio, dessen Zusammensetzung nur aufgrund fundamentaler Kennzahlen ermittelt wird. Die Entscheidungen sind transparent, nachvollziehbar und bei richtig gewählten Kriterien im langfristigen Vergleich auch besser als bei anderen Investmentstilen.

Zumeist werden bei Anwendung dieses Stils fundamentale, technische und auch quantitativ/ökonometrische Modelle zum Einsatz gebracht.

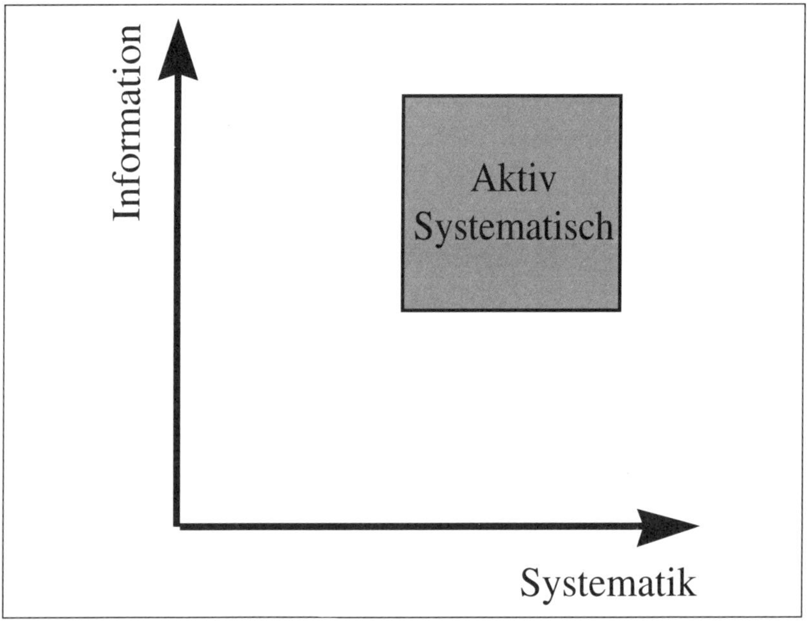

Das Ziel jedes Ansatzes, außer dem passiven, muß es sein, entweder einen über dem der Benchmark (langfristige Anlagestrategie) liegenden Ertrag zu erzielen oder denselben Ertrag mit geringerem Risiko zu generieren. Im Idealfall sollte beides gelingen. Die folgende Graphik soll den Zusammenhang zwischen Benchmark-Ertrag, Risiko und anzustrebendem Ergebnis verdeutlichen.

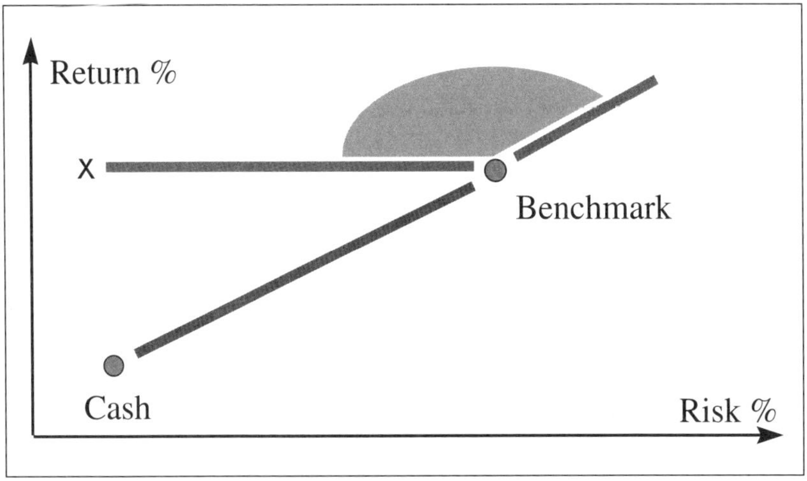

Das Ergebnis des Portfolios sollte oberhalb Linie x zu liegen kommen (angedeutete Fläche).

Das nachfolgende Abflußdiagramm soll einen systematischen taktischen Investmentprozeß am Beispiel der Volksbanken KAG darstellen. Ausgehend von der Benchmark werden diverse Modelle zur Entscheidungsfindung herangezogen, in einer Optimierung das Rendite-/Risikoverhältnis optimal gestaltet. Durch market-timing unterstützt findet der Prozeß seine Vollendung im umgesetzten Portfolio. Dieses wird natürlich auf Performance und eingegangenes Risiko untersucht, um die Auswirkungen der Entscheidungen herausfiltern zu können. Begleitet wird dieser Prozeß von verschiedenen Meetings und der laufenden Verbesserung.

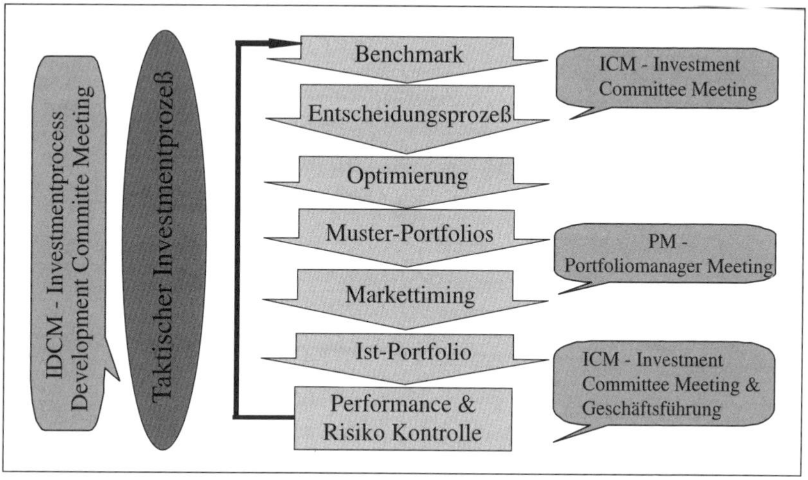

4. Zusammenfassung

Die taktischen Investmententscheidungen sollten nicht die strategische Ausrichtung des Portfolios ad absurdum führen. Die Meßlatte (Benchmark) für den Erfolg oder Mißerfolg solcher Entscheidungen stellt immer die langfristige Asset-Allocation dar.

Es ist wichtig, eine solide Basis für die taktische Asset-Allocation zu haben. Entscheidungen sollten nicht aus „aus dem Bauch heraus", sondern aufgrund einer vordefinierten Strategie gefällt werden. Diese Strategie ist selbstverständlich im Zeitablauf nach Ertrags- und Risikogesichtspunkten zu durchleuchten und gegebenenfalls anzupassen. Anzustreben ist eine möglichst gute Kombination zwischen verarbeiteten Informationen und Systematik. Die Transparenz und Nachvollziehbarkeit der gewählten Anlagestrategie ist ein zentraler Punkt.

Der gesamte Prozeß – strategisch und taktisch – muß im Zeitablauf kontrolliert, beurteilt und gegebenenfalls verändert werden.

Die Autoren

Gerhard Beulig

Gerhard Beulig begann seinen Werdegang im Asset-Liability-Management einer Wiener Privatbank, wechselte dann ins Fondsmanagement derselben und ist seit Anfang 1997 als Fondsmanager in der VB-KAG tätig. Sein Aufgabengebiet umfaßt das Management österreichischer Rentenportfolios. Er absolvierte die Börsenhändlerausbildung und den Lehrgang für österreichische Finanzanalysten und Anlageberater (CEFA) mit Auszeichnung. Im Frühjahr 1997 begann er die mehrjährige Ausbildung zum „Chartered Financial Analyst“ (CFA) der „Association for Investment Management and Research“ (AIMR) und ist Mitglied der „International Society of Financial Analysts“.

Claudia Dahlem

Claudia Dahlem begann ihren Berufsweg mit einer Ausbildung zum Bankkaufmann in einer Volksbank in Niedersachsen. Nach einem Wechsel in die Vermögensberatung eines anderen Institutes lag ihre Hauptaufgabe in der Beratung und Betreuung vermögender Privatkunden. Darüber hinaus hielt sie Seminare, u. a. in den Bereichen Anlagen, Investment und Kundenberatung, für Bankmitarbeiter ab. Während ihrer zehnjährigen Tätigkeit absolvierte sie mit Erfolg das Abschlußseminar zum Betreuer vermögender Privatkunden sowie das Managementseminar. Seit Ende 1997 ist sie nun in Österreich beim Spitzeninstitut der Volksbanken, der VB Consulting für Anlagemanagement AG, u. a. für die Bankenbetreuung im Kundengeschäft tätig.

Waltraud Kaserer

Waltraud Kaserer ist seit drei Jahren Wirtschaftsredakteurin beim Standard. Ihre Schwerpunkte sind Banken, Versicherungen und Geldanlage. Sie berichtet zudem als Wien-Korrespondentin für den Berliner Privatsender n-tv täglich live über die Entwicklung der Wiener Börse.

Ihr Fachwissen erwarb sie „on the job". Sie war fünf Jahre in der Wertpapierabteilung und der Anlageberatung des Salzburger Bankhauses Carl Spängler & Co. sowie bei der Carl Spängler Kapitalanlagegesellschaft beschäftigt. Danach arbeitete sie drei Jahre im Marketing und der Produktwicklung der Österreichischen Termin- und Optionenbörse.

Wolfgang Layr

Wolfgang Layr ist nach mehrjähriger Tätigkeit als Analyst und Fondsmanager, mit dem Schwerpunkt internationaler Aktienfonds, derzeit Geschäftsführer der VB-KAG. Neben seiner Mitarbeit bei verschiedenen Fachzeitschriften, Zeitungen und Börsenbriefen ist er Autor des „Handbuch Aktienanalyse" und „Geld sicher anlegen und vermehren". Wolfgang Layr ist für das Management diverser Aktienfonds und die Sektorbetreuung verantwortlich.

Mag. Heiko Matschek

Geboren 1969 in Stuttgart, 1991-1994 Studium der Wirtschaftswissenschaften an der Universität Hohenheim, 1994 bis 1996 Studium der Betriebswirtschaftslehre an der Universität Graz; Ausbildung zum Bankkaufmann und Banktrainer seit 1992. Nach Beendigung des Studiums Finanz- und Vermögensberater bei der Fa. Marschollek, Lautenschläger und Partner in Graz. Seit Februar 1997 Assistent der Bereichsleitung Filialen Wien der Österreichischen Volksbanken-AG mit den Schwerpunkten Vetriebsförderung und Marketing.

Dipl.-Ing Andreas Müller

Andreas Müller hat im Herbst 1994 sein Maschinenbau-Betriebswissenschaftsstudium an der TU-Wien erfolgreich abgeschlossen und hat danach in der KAG einer Wiener Privatbank im Bereich quantitative Analyse zu arbeiten begonnen. Dort war er zuletzt im Bereich des institutionellen Fondsmanagement für international ausgerichtete Mischfonds verantwortlich. Weiters umfaßt sein Aufgabengebiet die Implementierung der modernen Portfoliotheorie in den aktiven Entscheidungsprozeß. Seit Dezember 1996 verstärkt er das Fondsmanagement der VB-KAG und ist für das Management internationaler Anleihenfonds, die Entwicklung strukturierter Entscheidungsmodelle sowie den Aufbau einer institutionellen Kundenbetreuung des Fondsmanagement verantwortlich.

Stephan Sieder

Nachdem Stephan Sieder 1988 die österreichische Matura und das französische Baccalauréat am Lycée Francais de Vienne absolviert hatte, studierte er in Paris an der Ecole Supérieure de Commerce de Paris o. Paris Graduate School of Management Betriebswirtschaft und spezialisierte sich auf dem Gebiet „Finanzen". Nach seinem erfolgreichen Studienabschluß arbeitete er 1994 und 1995 im Portfoliomanagement bei Kredietrust Luxembourg in Luxemburg. Seit Sommer 1995 ist er als Fondsmanager in der VB-KAG für Aktienfonds und internationale Mischfonds verantwortlich.

Dir. Walter Wagner

Walter Wagner ist seit 1974 in der ÖVAG tätig und hat das Anlageberatungsgeschäft der ÖVAG aufgebaut. Danach übernahm er die Leitung des Wertpapierhandels und -verkaufs in der ÖVAG und 1988 die Geschäftsführung der VB-KAG. Seit 1991 ist Herr Wagner ausschließlich Geschäftsführer der KAG mit Schwerpunkt Sektorbetreuung, Aus- und Weiterbildung sowie Steuer- und Rechtsfragen.

Mag. Andreas Witzani

Andreas Witzani war nach Abschluß seines Studiums an der Wirtschaftsuniversität Wien mehrere Jahre für eine österreichische Großbank in der Wertpapieranalyse tätig. Neben der Erstellung von Publikationen, fachspezifischen Vorträgen und der Unterstützung des Sales wirkte er in den Asset-Allocationsitzungen der Fondsgesellschaft mit. In diesem Zusammenhang wurden auch quantitative Modelle entwickelt. Den Lehrgang für Finanzanalysten und Portfoliomanager (CEFA) absolvierte er mit Auszeichnung. Seit Februar 1997 verstärkt er das Fondsmanagement der VB-KAG. Sein Aufgabengebiet umfaßt das Management europäischer Rentenfonds und Geldmarktfonds sowie die Entwicklung fundamentaler Indikatormodelle.